堀井令以知著

ことばの由来

岩 波 新 書

941

はじめに――「私」から

私たちが日常なにげなく使っていることばの中には、ふと気がつくと、その由来がわからない語句がある。生活に必要な語句の中にも、そのルーツを知りたいと思うことばがある。

私も、言語研究者として長いこと語源について興味を持ち、調べてきた。文献だけでなく、古いことばの形を今も残している京都の御所《ごしょ》ことば(宮廷の女房ことば)や方言の調査も行い、また、自分の生まれ育った関西のことばである「京ことば」、「大阪ことば」についての本も書いてきた。

そうしているうちに気がついたのは、特に専門家でなくても、ことばや語源に興味を持つ人の非常に多いことである。私もいろいろな場で意見を求められたり、テレビでしゃべってくれといわれることもある。そういうときの反響は非常に大きいのだが、一方でことばについての思い込みや誤解もたくさんあることにもまた気づかされる。

この本では、そうした日常のことばの由来や、もともとの意味、あるいは同義のことばなどを取り上げて説明した。もちろん私とて、自分の調べたところが正解であると言い切るつもりはない。中には思い違いがあるかも知れない。ご叱正いただければ幸いである。語源は多くの人の知恵を総合して納得の行く説明が求められねばならないものだからである。『大言海』や『広辞苑』という先人の労作があっても、それとは別の説を採りたくなることはあるし、また、結局のところ、そのことばのルーツは謎に包まれたまま、ということもたびたびある。

さて、この「はじめに」の文章は「私《わたくし》」という語で始め、私自身のことにも触れた。ここでまず手始めにその一人称代名詞ワタクシについて、その素性についてわかっていることを話しておこう。実は、ワタクシは、もともとはオホヤケ(公)に対する私《わたくし》という意味の一般的な名詞であった。このワタクシということばそのものの語源ははっきりしない。

奈良時代、平安時代においては、ワタクシは、ひそかなさま、個人的なことという意味であった。たとえば個人の私有する田をワタクシダ(私田)といっている。現在でも「私立学校」とか「私有財産」ということばにその意味が残っているが、こちらの方がもとだったのである。室町時代になると、この時代のことばを収めた『日葡辞書《にっぽじしょ》』には、ワタクシの人称代名詞としての使用が記載されるようになる。同じころワタクシは、京都御所に奉仕する女房のことをさす名詞ともなって残っていった。この時代の宮廷の公式日記『お湯殿《ゆどの》の上《うえ》の日記《にっき》』を読むと、

「御《おん》わたくし」と「御」の付いた形をいくつも見つけることができる。

かつて、京都の御所ことばを調査して尼門跡《にもんぜき》の宝鏡寺で日記を拝読したとき、その万治三年(一六六〇)六月十八日に「きん(禁)中様へ　ほしうり御《お》あげ候　御《おん》わたくしへもつかはされ候」とある記事に目が留まったことがある。当時、宝鏡寺には高徳院《こうとくいん》宮理忠《りちゆう》女王・香枝宮《かえのみや》がおられた。文中に禁中様とあるのは後西《ごさい》天皇で、その妹君の香枝宮が、兄君の禁中様に干し瓜を献上され、「御わたくし(宮中の女房)」へも干し瓜を遣わされたという記事なのである。このように江戸時代の初めにもまだ、ワタクシは名詞として用いられていたのであった。

では自分のことをいうのに、「私」を使うのではなかったころには何といったか。

奈良時代にはワレといった。ア・ワ・アレともいい、ア・ワは助詞の「が」や「を」を伴って用いた。ワレは平安時代から「自分自身」という意味でも使用し、中世以後、二人称として目下や身分の低い者に対して「ワレ」というようになった。これに対して、オレは奈良時代から平安時代まで二人称として相手を卑しめていうことばだったが、中世からは一人称として男女とも用いるようになり、現代では主として男性が使っている。

通勤の電車の中で吊り革にぶら下がってでも気楽に読めることばの本をと、執筆をお薦めくださったのは岩波書店編集部顧問の増井元氏であった。編集部の早坂ノゾミ氏には、本書の組み立て・原稿の整理・校正などでお世話になった。有益なご教示をいただいた両氏に厚く御礼申し上げる。

二〇〇五年正月

堀井令以知

目次

—ことばの由来

■ことばの住み分け■

カット＝『芥子園画伝』より

第一章　「どっこいしょ」とは何だろう

私たちの言語活動、言語や単語は、奈良時代以前からコトということばでとらえられていた。なぜコトなのかはわからないが、事柄のことをいうコトと関係がある、あるいは由来が同じであるとされる。

コトバという語そのものは、私たちの先祖が「コト(言)の葉」と名付けたものである。意味を伝える音の連なりを草木の葉が数多く茂り栄えるさまにたとえて「言《こと》の葉《は》」といい、「言葉」というようになったのだ。はじめは言語を構成する一つ一つの語句が言の葉であったが、のちに言語活動全体をさすようになった。

ことばは社会において是認された言語記号から構成されている。言語記号ができるプロセスはさまざまである。周りの人の発する叫びや掛け声のようなものから始まって、やがて言語生活を支える多くの語句ができあがる。そこには、先人の知恵がはたらき、社会環境の影響があった。永い年月の間には言語記号の両面である語形(音声)も概念も変化する。だから、その由来を探ることは後代になるほど難しくなってしまうのである。

どっこいしょ

疲れた人が座るときに「どっこいしょ」といい、一般に力を入れたり、はずみをつけたりするときにも「どっこいしょ」という。もとはドッコイといった。

ドッコイはドコエ(何処へ)という相撲の掛け声に由来する。江戸時代、村相撲を取る力士は、相手の気勢をそらし、相手のかかってくるのをからかって、「どこへ行くのか」「どんな手にでるのか」という気持ちでドコエと掛け声を発した。

歌舞伎でも化粧声《けしょうごえ》といって端役が荒事《あらごと》の主役の動作を引き立たせるために「アーリャ、コーリャ」とか「ドコエ」とかける掛け声がある。そのドコエの掛け声がドッコイとなった。そして、相手のすることが気にくわないときに、ドッコイ(どこへ行くつもりなのか、どうする気なのだ)そういうわけには行かないぞと、相手の行動を遮ることばにもなった。そうはさせないぞというときに、「どっこい(どこへ)、やるまいぞ、やるまいぞ」と狂言でも使っている。

ドッコイを強めて、ドッコイショとショを付けるようになったのは多分、明治以後のことで、相手がいない一人だけのときでも力を入れるときには相手を意識して、「どっこいしょ」というようになった。

「ショ」はヨイショ、コラショの「ショ」と同じく掛け声である。民謡などの囃《はや》しことばでも、ドッコイショとショを添えていう。

よく知られる「そーらん節」では

「鰊《にしん》来たかと　かもめに問えば
私しゃ立つ鳥　波に聞け」に続いて
「チョイヤサエーエンヤーサノ　ドッコイショ
ハードッコイショ　ドッコイショ」と歌う。

また、ドッコイを二つ重ねたドッコイドッコイは踊りの囃しことばになっている。このときのドッコイドッコイも、やはりどこへと問いかける気持ち、それはどういうことになるのかという意味から出ている。次の踊りの手はどのようかと疑問を発して、ドコエといったのである。ドッコイが「どこへ」という疑問から発するのに対して、同じ囃しことばでもコラショやキタサは確認のことばであった。疑問としたものを確かめる気持ちである。

ドッコイドッコイは、掛け声から転じて、「やっとのことで」の意味になり、勢力が伯仲しているとの意味にも使われるようになった。「収支はトントンだ」のようにいうトントンと同じように、このときのドッコイドッコイは「均等」の意味でもある。

ドッコイのほかにも、歌や踊りに合わせて間に入れる手拍子や掛け声がある。「合いの手」という。ヨイヨイと入れたり、サンヨナとかヤートセーとかアーヨイヤヨーイトナーとかヤーハレなどと入れるのが合いの手である。合いの手といえば、日本だけでなく、たとえばフランス中世の武勲詩『ロランの歌』にも Aoi! のような語がしばしば入るが、これも合いの手といえよう。

力を入れるときにドッコイショと声に出すのは健康を支える証しである。仕事を始めるときにセーノと掛け声を出したり、アテネのオリンピックで若い卓球の女子選手が、うまく行ったときに発していた大きな声なども、自らを励ます勇気づけの叫びである。

指切りげんまん

約束をするときに子供たちが互いに小指を引っかけ合い、「指切りゲンマン、嘘ついたら針千本飲ませ」と唱える。今でも聞くことができるだろう。

江戸時代前期の俳諧作法書、松江重頼《まつえしげより》の『毛吹草《けふきぐさ》』(正保二(一六四五)年刊)には、「又見んと指きりせばや児桜《ちござくら》」(正直)という句がある。

このように「指切りげんまん」を略して、ユビキリという。またゲンマンともいう。ユビキリは江戸時代に、遊女が相愛の客に誓約の印に小指を切って贈ったことからという説がある。こうして指を切ることを指を詰めるともいっている。今ではヤクザの世界にあるようだ。

いずれにせよ、「指切り」を遊女の誓いの印からとする説は、いかにもどぎつい感じがする。子供の遊びに使用されていることからすれば、別のルーツがあるのではなかろうか。

「指切りげんまん」をユビキリカマキリともいう。カマキリが虫の蟷螂《かまきり》のことだとすると、ユビキリカマキリのユビキリとカマキリはどのように結び付いたのだろうか。カマキリは髪をかみ切る虫であるとの意識から、兵庫県などではカミキリムシという。島根県でカマカケというのは鎌を掛けるふうに見立てたものである。福井県では前足を鎌に見立ててカマタテという。カマタテやカマカリなどの語がカミキリムシと混同してカマキリになった。京都では今はカマキリというが、平安時代にはイボムシリであった。疣《いぼ》を取り去る虫の意味で、イボキリムシ・イボクイムシ・イボキリという方言も見つかる。そのイボキリがユビキリとなってカマキリと続けたのだろう。したがってやはりユビキリを遊女の「指切り」の意と断定するのは考慮の余地を残している。

柳田国男『西は何方《どっち》』(一九四八年刊)所収の「蟷螂《とうろう》考」によると、やはりユビキリは疣切りで、イボを切り、髪を切るというカマキリを証人として、指を曲げて、その形をまねたのが「指切り」の起源で、イボキリをユビキリの語に代えてしまったのではなかろうかという。

ゲンマンの方は、拳骨《げんこつ》で万回打たれる意味だという説がある。約束を破ったら打たれるのである。拳骨万回だとすると、打たれる側も打つ側もたいへんなことに違いない。

ついでながら、自動車などの解体したもの、老朽化したものをポンコツというが、このポンコツはゲンコツでなぐり、たたきこわすことから造られた語という。明治の初めごろから使われている。仮名垣魯文の滑稽小説『安愚楽鍋《あぐらなべ》』(明治四―五〈一八七一―七二〉年刊)のうちの「当世牛馬問答」に、「ポンコツをきめられて、人のはらへはいりやア、てめへたちのやくがすんで」とある。拳骨でなぐることからポンコツは大きなハンマーを意味し、それを使って自動車の解体などをするので、解体した、あるいは解体寸前の自動車をポンコツというようになったともいう。

カマキリのしぐさは、子供が指を曲げてからめ合う誓約の格好に似ているし、ゲンマンもまた子供の罰則としては考えられそうなことである。

こうした誓約、つまりチカウ(誓う)ということばのもとの意味は、神仏に対して堅い約束を交わすことであった。その語源は「手交《てか》う」からではないだろうか。互いに手を交わす、握り合うことから誓うといったのであろう。昔は誓約するに際して本当に指や腕を切るなどして、互いに血をすり合ったという。その血で指印を押す血判などをして、堅く約束するのが血盟である。

ちなみに、カマキリの姿は両手で神を拝む格好に似ているので、オガメ・オンガメという地方もある。長崎県平戸ではオガマニャトーサンという。拝まないと通さないぞとの意味からである。

お節介

狭匙《せっかい》・切匙という道具がある。すでに室町時代から使われ、庶民的な台所用品であった。慶長八(一六〇三)年にイエズス会が刊行した『日葡辞書』には、室町時代のことばが収録されているが、そこにオセッカイは味噌をすくいとる杓子と記されている。

しばらく前まで家庭で便利に使われていたものだが、これは主として古くなったシャモジなどを半分に割って再利用した。作り方も各家庭でさまざまで、モノをすくったり摺鉢の内側の溝をていねいに掻き落としたりといろいろな用途があり、使い勝手の広い道具であった。「狭匙で腹を切る」という。不可能なこととの意味である。シャモジでは切腹するわけに行かない。女房ことばでは元禄五(一六九二)年刊の婦人教養書『女重宝記《おんなちょうほうき》』に、その形から切匙をウグイスという、とある。

それがしだいに、この道具の使用の仕方から意味が転じていく。

まず、細かいところまでその杓子は行き届くところから、世話を焼くの意味に変わった。やがておしきせがましく世話をする人をさすようになった。セッカイが「余計なお世話」を意味することになったのである。今では「おせっかい」は、他人のために不必要なことに立ち入り、世話を焼くことにいう。「おせっかいな奴だ」と嫌がられることにもなる。

明治時代にはすでに「余計なお世話」の意味でオセッカイということばが使われているし、文字も「狭匙・切匙」から「節介」を当てるように変わった。節介の本来の意味は、節操を堅く守って世俗に同調しないことであった。

こうして文字が変わったために、道具としてのセッカイの面影はしだいに消えてしまった。年輩の方々には懐かしい響きすらあるセッカイの便利さが忘れられてしまうのはちょっと寂しいことである。

人のために尽力すること、面倒を見ること、面倒をかけることは「世話」である。世話は室町時代には世間で話される日常のことば、口語という意味であった。このころ成立した『天草《あまくさ》本《ぼん》平家物語』の扉紙には「世話に和らげたる(口語でわかりやすい)平家の物語」のように書かれている。そこから世人の言いぐさ、世間のうわさの意味にもなった。『日葡辞書』には「セワ。すなわち、セケンニハヤルコトバ」とある。

世話は江戸時代には、日常的、庶民的なことの意味で用いた。歌舞伎や浄瑠璃では町人の日常を扱ったものを「世話物《せわもの》」という。「世話をする」「世話になる」のように、人の面倒を見る、面倒をかけるの意味での使用は江戸時代からである。今では「お世話になりました」のようなあいさつにも用いる。「世話を焼く」という表現は「お節介」に通じる。深く心にかけて世話することになれば「世話を病む」とさえいった。

「ちょっかいを出す」は、そばから手だしをして相手になる、お節介をすることである。「ちょっかい」は『日葡辞書』によると、「歪み曲がってちぢんだ手(または、指が曲がって不具になった手)」で、猫が片足を前に出して物を集める動作をチョッカイというところから、お節介をするという意味になった。また『大言海』は、チョッカイは「一能搔《イチヨクカイ》」からかとする。「ちょっかいが回る」は三味線などのバチさばきが巧みであることをいう。「ちょっかいをかける」は「いたずらを仕掛ける」の意味である。

当たり前

当たり前は「当然」という語がもとになっている。

「当然」は江戸時代には「当前」とも書いた。「当前」を訓読するとアタリマエとなるから、当たり前というようになって広まった。式亭三馬の『浮世風呂《うきよぶろ》』にも、アタリメヘサの表現が見られる。

もとは「当然」という意味のほか、共同で仕事をして得た収穫を分配するときに、一人分の受け取る分け前のことがアタリマエであった。農作業収穫物を分配するときの一人前の分量や、魚を捕りに行って漁獲物を分配する場合に、人の数によって分けた一山のことをいう。その分け前を受け取ることは道理に適い当然の権利であった。そこから、ごく普通のありふれたことをいうようになった。

予想外のことを「当たり前の外」という。世の中ではアタリマエと思っていることが、誰かにとっては当たり前でなかったり、その逆に自分が当たり前だと思ったことが通じなかったりすることはよくある。

当たるという語はもともと多くの意味を持つ多義語である。目標にぶつかる・命中するという意味で平安時代から使われ、鎌倉時代には、くっつく・接触するという意味ができた。人と接触することから、のちには人をひどく扱うということも意味するようになった。物事に探りを入れることにも、「辞書に当たる」のように、照合して確かめることにもいい、野球で打者がヒットをよく打つことにも、「よく当たる打者だ」のようにアタルを使う。

光がまともに差すの意味で当たるといい、光や風を身に受けることも当たるというし、役目を担当する、ある事に直面する、飲食物が体に障ることにもいう。

ほかにも、ぴったり対応する、まともに反応する、ある順位や資格などに相当する、ちょうどその方向や時期に該当する、合致する、的中する、願いどおりになることや対戦相手として巡り会う、などの意味で使われるように、アタルということばの受け持つ範囲は広い。命中する・体に障るの意味のアタルには「中」の字を用いることがある。

このほかにも忌みことばとして、くっつく・接触するという意味でのアタルが用いられることがある。髭をソル（スルとも）といわないでアタルといい、商家では「磨《す》る」を忌みアタルという。すり鉢をあたり鉢といったり、「するめ」を「あたりめ」といったりする類いである。

福引にアタルのは、幼少のころの楽しい思い出につながる。福引は人々に景品を分配する籤《くじ》である。平安時代には、年の初めには餅を引き合い、その取り分の多少で一年の吉凶を占った。当時、餅はフク・フクダ・フクデと呼ばれていた。ふくれるものという意味からである。餅を引き合うことからフク引きという語になったのである。

中世からは「福」という文字の持つ意味が喜ばれた。それで福引の字を当てるようになった。のちに綱などの先にいろいろの景品を付けて引き合う正月の遊びになり、さらに近代になると、商店の売り出しや宴会の余興などで籤を引かせて、当たった人に景品を出すことをフクビキといっている。

さて、当然を当前と書いたために「当たり前」というようになったのだが、同じように、「上前《うわまえ》」ということばは「上米《うわまい》」の「米」の字を「前」に変えたものである。上米は古くは寺社へ寄進した米のことであった。近世の通行税の一種からとも考えられる。その代金の一部を仕事や売買を取り次ぐ者が掠《かす》め取る(撥《は》ねる)ことを上前をはねるという。

ふつつか

フツツカ(不束)は、もとは太くてしっかりしていること、立派で丈夫なさまを意味していた。『源氏物語』の帚木《ははきぎ》の巻では「ふつつかなる後見《うしろみ》まうけて」のように、「しっかりした後見人」の意味で使っている。現代語で「ふつつかな後見」などといったら、まったく逆のダメな人物を思い浮かべてしまうだろう。

ふつつかのフツは太いということ、ツカは古代では稲などを束ねたものを数える単位であった。束の長さは、握ったときの四本の指の幅に相当する。したがって、平安時代のフツツカは、太くて丈夫なことだったのである。『源氏物語』より少し前の『宇津保物語』蔵開《くらびらき》上の巻には「いとおほきやかにふつつかに肥え給へるが」とある。このようにフツツカのツカが束の意味からとすれば、ツカノマのツカとも結び付く語であろう。ツカノマは、一束の幅ほどの時間ということである。

その後、中世になるとフツツカは、不格好なさま、風情がなく無骨なさま、たしなみがなく大ざっぱなさま、軽率で不調法《ぶちょうほう》なさまの意味で用いられるようになった。『徒然草』五には「雑なさま、軽はずみなさま」の意味で「不幸に愁へに沈める人のかしらおろしなど、ふつつかに思ひとりたるにはあらで（不幸になって悲しみに沈んでいる人が出家して剃髪した姿になるのは、軽はずみな決心をしたのではなくて）」とある。不束と書くのは当て字である。

無骨なさま、不調法なさまの意味のフツツカは江戸時代からである。「不束者」は、行き届かない未熟者の意味で、やはり江戸時代から使われた。そういう意味で用いることが多くなって、あいさつことばとして「不束者ですが、よろしく」のようにへりくだっていうことが広まった。

また江戸時代、叱り・手鎖《てぐさり》・過料などに処されるような比較的軽い罪の裁判では、罪人（被告）が罪状を認める口書《くちがき》で、決まり文句として、「不束の旨吟味受け……」と不束の語が使われることになっていた。

行き届かないことを「不調法」ともいう。考え違いという意味になり、さらに、酒・たばこをたしなまないことにもいう。芸事のできないことを謙遜して不調法というのもよく聞く。

「調法」というのはもと、調べ考えることであった。準備する、整えることから、特に食事の用意をすることにいい、そこから使って便利な、という意味になった。「貴重な宝物」に由来する「重宝」も「調法」と同じく便利という意味になった。現在でも「チョウホウする」というときには両方使われている。

便利も本来は都合のよいことの意であるが、鎌倉時代のころは大小便の通じをもあらわしていた。『徒然草』一〇八には「一日のうちに、飲食《おんじき》・便利・睡眠・言語・行歩、止む事を得ずして多くの時を失ふ」とある。

もう一つ、行き届かないことをいうのに「不届き」がある。不注意の意味だったのが、法や道理に背く行為についてもいうようになった。法にはずれた行為はまた、「不埒《ふらち》」である。「ラチ(埒)」は馬場のまわりの外囲いの柵のことだが、それが転じて、物事の区切りという意味になった。埒の開かないことには馬の出入りもままならないから、「不埒」は物事の決着がつかないこと、要領を得ないことに使うのである。逆にラチガアクは、物事がはかどり、片付くことである。

ごたごた

混雑したさま、もめごとのゴタゴタの元祖は擬態語で、ゴタゴタした状態の感じをあらわすことばからである。『大言海』では、鎌倉時代に来日した南宋の僧侶に兀庵普寧《ごつたんふねい》という執権北条時頼の信任が厚かった人物がおり、そのゴッタンに由来するとしているが、確証はない。

ゴタゴタは骨董品のコットウと関連する語であったと考えられる。種々の雑多なものを一緒にごたごたと入れておく箱をゴタバコとか骨董箱というし、魚や肉などいろいろのものを混ぜ合わせた五目飯を骨董飯というからである。魚肉や野菜などを混ぜた味噌雑炊を骨董羹《こう》というが、やはりごたごたと雑多に交じり合っている様子が感じられる。

骨董、がらくたをゴタゴタというのは江戸時代からである。谷川士清《たにかわことすが》という国学者がいたが、安永六(一七七七)年から刊行されたその語彙集『和訓栞《わくんのしおり》』に「ごたごた　骨董の音なるべし。俗語也。ごたつくともごたまぜともいふ」とある。

日本語の由来を考えるとき、ごたごたのような擬態語のほかに、擬音語を無視することはできない。ゴタゴタも母音を変えてゴトゴトとすれば「野菜をゴトゴト(あるいはコトコト)煮る」「荷車をゴトゴト引く」のような擬音語になる。ゴトンゴトンは列車が走る音を、コトンコトンは水車の回る音を形容する。話は少しごたごたと逸れるが、ここで擬音・擬態に基づくことばにも触れておこう。

水の音は擬音語になりやすかった。川の瀬をザザ、水門をゾー、堰《せき》をドンドというところがある。下水の水溜まりをドブというのも音の模倣によるものであろう。小川のセセラギも浅い瀬を水が流れる音を形容している。

ざわざわした声や音が聞こえることをザワメキという。地名にもザワメキやサワメキ(沢目木・沢目鬼)があり、各地に水の音に基づいて命名された地名が残っている。ガラメキ(柄目木)・クルメキ(久留米木)・ドロメキ(泥目木)は、小さい谷川の流れが、少し淀んでから急に落ち込んでいるところに名付けられている。また、川の水が狭く浅く流れているところには、サラメキやゾーメキという地名もある。ドドと音がして水の落ちるところがドドメキと呼ばれる。ドドを「百」と書くのは「十十《とと》」の連想による当て字である。

これらの擬音語起源の語に付けられたメキは名詞を作る接尾語である。

鹿児島県種子島では稲妻をヒカメキという。ヒカもまた擬態語に基づく。生まれたばかりの赤ちゃんの頭の一部がヒヨヒヨと動く箇所をヒヨメキといったりするのも擬態語にメキを添えた形である。

このメキは動詞を作るときには接尾語メクとなる。そういう様子をする、外からそう見えるという意味を持ち、ざわざわする様子をザワメクというのなどがそれである。ナマメクといえば、今は上品で奥ゆかしく優美に見えるさまや、色っぽい様子をいうが、もとは「生」にメクを付け、ナマで未熟のように振る舞うことだった。そこから、何でもないさりげない様子が、優美なことをさすようになったものである。

同じくメクに由来する語におしゃれをすることをあらわすメカスという動詞がある。それらしく振る舞うという意味を示す接尾語メカスが動詞として自立した。

ごたごたの反対の状態なら、ちゃんとしていることだろう。チャントは「間違いなく」の意味で使うが、もとは「丁度」である。これも擬音語から来ている。物が激しく当たって出す音がチョーで、間違いなくチョート(丁と)当たったわけであろう。『天草本平家物語』には、チヨウトは「きちんと」の意味で出ている。

つかの間

少しの短い時間を「つかの間」という。ツカは「ふつつか」の項でも述べたように「束《つか》」の意味で、手でつかむほどの長さのことである。古代の長さの単位ではツカは指四本分の幅、握ったこぶしの長さに当たる。「八束《やつか》」「十束《とつか》」のように用いた。動詞のツカムとも同じ語源、刀の柄《つか》も同系の語である。

また、稲の束ねたものを数える単位をツカという。一束は十把(一把は一握り分の稲)である。何もかもあれこれとひっくるめて取り扱うことをいう「十把《じっぱ》一《ひと》からげ」はよく知られている。

こうしたツカから転じて、一束の幅ほどの短い時間という意味で「つかの間」という語ができた。『万葉集』(巻四、五〇二)にも「夏野ゆく　牡鹿《をしか》の角《つの》の　束の間も　妹《いも》が心を　忘れて思へや」とある。夏の野を行く牡鹿の角は短いけれども、そのように短い間、つかの間も、私を思ってくれる妹(恋人)の気持ちを忘れていようか、常に心に留めている、との心情を詠んだ歌である。

つかの間と同様に短い時間を示す語はいくつもある。すぐにという意味でのタチマチは、立ち待ち、つまり立ったままで待つうちにという短時間の意味である。同じように「立ち所に」というが、タチドコロは立っているところ、したがってすぐその場所でということからいう。また「速やか」のスミは「進む」の意味からであろう。ヤカは接尾語である。

瞬《また》くうちにといえば瞬《まばた》きするほどの短い時間、つまり瞬間である。マタタクは「目叩《また》く」からで、まぶたを閉じたり開いたりすること。マバタキもやはり「目叩《はた》く」からである。瞬間を刹那《せつな》というが、刹那はサンスクリット語のクシャーナ(kṣaṇa)の音を写したもので、一弾指《だんし》には六十五刹那があるという。一弾指は指で一回弾くことである。オリンピックの百メートル走などでは百分の一秒の差で金銀銅のメダルが決まったりする。つかの間よりも短い時間差である。水泳でもタッチの差の瞬間で勝負が決まる。

月日が過ぎやすく人生の短いたとえに「隙《ひま》過ぐる駒」「隙行く駒」という。ここでいうヒマは透き間のことであり、やはりつかの間のことである。中国の『荘子《そうじ》』にある「駒隙《くげき》」に由来し、平安時代から使われた。透き間、継続する時間の途切れた間をヒマといったのが、今では休暇の意味で多く使われるようになった。

もともとトキという日本語は、時の長さ、時間をいうよりも、むしろ時点を示すことが多かった。つまり、時とは「つかの間」だったのである。それも重要な時点をさした。そこからトキは晴れの日を意味するようになった。普段の日はアイダであり、日常とは違う改まった日がトキで、のちに中国から「節」という語が入ってそれに代わったのである。

タダイマは今では帰宅のときのあいさつであるが、もとは「たった今」ということであった。今といってよいほどの時がタダイマであった。仙台では、出会ったときも、別れるときもタデエマという。庄内地方ではオハヨウという代わりにタダイマを用いる。

ただちにの意味でいうヤニワニは、矢を射ているその場所に、その庭に、ということである。反対に、そろそろと、悠然との意味のヤオラは柔らと同形の語であろう。

外国人には日本人は忙しい様子に見えるようだ。ユックリという語はユラユラと動き漂う意味の古語ユクラカからか、あるいはユクリ(緩り)からか、ゆとりがあるさまがユクリであった。

派手

「派手《はで》」という漢字は当て字。ハデは光を受けて輝く、映《は》えるの意味からという説もあるが、実は「破手」と書き、三味線から来たことばである。破手の「手」はメロディーのこと。

三味線を演奏するときの曲種に組歌といわれるものがあるが、その組歌の古来のものを本手《ほんて》組《ぐみ》といった。これに対して後年、新手法を加えて作られたのが破手組といわれるものである。従来の旋律を破った目新しい曲風が「破手」なのである。

江戸時代初期に柳川検校《けんぎょう》(あるいは虎沢検校)という三味線の名人が「待つにござれ」などの破手の組歌を作曲した。その曲が賑やかで華やかな弾き方のものだったために、ハデということばが色や柄が華やかであったり、行動が人目を引く、目立つことの意味になった。派手なことが好きな人を派手者《しゃ》・派手家《や》・派手師という。

派手できらびやかなさまを、上方《かみがた》ではキンキンという。豪華なさま、ぴかぴかしたさまを好ましく思うとき、「この部屋はキンキンしてええなあ」などという。擬態語に基づく語である。

キンキラキンともいう。似たような言い方で、『今昔物語』に用いられたキララカは、きらめくさまをいう。キララ、キラメキやキラメカスと同系の語である。キラボシは暗夜にきらきらと輝く無数の星であるが、もとは「綺羅《きら》、星の如く」からかという。綺羅はあやぎぬとうすぎぬで、美しい衣服であった。したがって「綺羅を磨く」といえば華美に華美をこらすことである。

目立って派手な振る舞いをするのが伊達《だて》。外見を飾ることである。ダテは「義理だて・隠し立て」のダテと同系の語であろうか。ことさら人目を引く意味から「立つ」と関連する語かも知れない。動詞「立つ」には本来、「出現する」の意味があったからである。そのダテに「伊達」の字を使うのは、伊達政宗の家来が派手な服装で目立ったことにかけて、当て字として用いたのである。

派手からは「派手やかな衣装」のようにハデヤカという語ができた。その派手やかに美しいさまをキラビヤカという。この語は室町時代から使われていて、『日葡辞書』には「キラビヤカナニンジュ(人数)」とある。きらきらと輝いてまばゆい形容に古くはキラギラシといった。生き生きと輝くさまをキラキラ、どぎつく強烈な印象をギラギラという擬態語がこれらの語の構成にあずかっている。

一口に派手といっても、いろいろな派手さがあるが、中でもケバケバシイは、どちらかというと品位のない派手さを示す。ケバ(毛羽)は本来、布や紙などの表面がこすれてできる細い毛のようなもので、ケバケバともいう。「ケバ立つ」という語には「毛羽」の意識が感じられるが、「けばけばしい化粧」というときのように、どぎつく目立って派手なケバケバには、柔らかい毛が密集しているさまのような擬態語の連想が結び付く。けばけばしく派手なさまを鎌倉時代にはケバヤといった。

派手の逆はもちろん地味である。服装や性格がけばけばと派手でないことだけでなく、「地味な暮らしをする」のように、質素なさまをもいう。『大言海』の説では、「地味」は素地の飾らぬの意からとされている。

ところで、派手でなく、地味でかつ上品なさまを、京都ではコートナという。「奥さんコートナ着物着てようお似合いどす」のような言い方をする。コートは、質素で堅実という意味の「公道《こうとう》」からという。次のハンナリとは対照的な語である。

はんなり

「はんなり」は落ち着いた上品な華やかさをあらわす代表的な京ことばである。雑誌の見出しや広告でも、「はんなり」の一語を入れただけで京都らしさをかもし出す役目を果たしている。「ハンナリしてエエ柄の帯どすな」「きれいに整理してこの部屋ハンナリしたわ」のようにいう。

ハンナリはもともと、「花也《はななり》」に由来する。江戸時代のことばを集めた辞書である太田全斎の『俚言集覧《りげんしゅうらん》』（明治三十三〔一九〇〇〕年に増補版刊）には「ハンナリは花也。はなやかなること、ことのほか也」とある。また、『和訓栞』には、「俗語なり。花の義　はなやかなるをいふ」としている。けばけばしくなく、派手でキンキンした金ぴかの感じではなく、落ち着いた上品な華やかさを表現している。京で梅の花が咲き始めるころの風情はハンナリの気持ちをよくあらわし、京都人の美意識を感じることができるといってよいだろう。

ただし必ずしも京都でしか使われないことばではない。芭蕉七部集『炭俵』（元禄七〔一六九四〕

年刊)の中の桃鄰《とうりん》の句に「はんなり」が用いられている。次のような付合《つけあい》が知られる。

台所　けふは奇麗に　はき立てて　　野坡
分にならるる　嫁の仕合《しあわせ》　　利牛
はんなりと　細工に染まる　紅うこん　　桃鄰

桃鄰の句では「細工に染まる紅うこん」と、手染めで紅を帯びた黄色になる鬱金《うこん》染めの着物をハンナリと形容している。舅《しゅうと》や姑《しゅうとめ》が隠居して別の所帯を持つとは気楽で結構な身分になったものだという嫁の幸せを詠んだ句を受けて、その嫁の気持ちを映すような手染めの着物をハンナリという語で形容したのである。このように「はんなり」は江戸時代の初めごろから用いていた。

ハンナリとともに京ことばの代表を挙げるとすれば、それはマッタリであろう。マタイ(全)の語幹に状態を示す接尾語リを付けてマタリとし、さらにそれを促音化したものである。江戸時代の天保ごろから使用されていることがわかっている。

京ことばとしては、柔らかで穏やかでコクのある味にいう。「お雑煮は白のオムシ(白味噌)

で祝いますが、マッタリと舌にとろけるような味はよろしおすな」のような言い方をする。食物の辛くなく落ち着いた味で、穏やかな口当たりの形容である。テレビの食べ歩き番組などの影響によって全国に知られるようになったようだ。

人物に対しても使い、重厚な落ち着きのある人に「あのお方はマッタリしといやす」のように用いた。ところが、最近の若者の間では、「休みで、家でマッタリしている」のような使い方がまかり通っている。マッタリのニュアンスを、ゆっくりとくつろいでいる状態に変えて用いているのである。

もう一つ、京ことばとしてよく使用されてきた「ほっこりする」という表現も、最近の若者はやはりニュアンスを変えて、ゆっくりくつろぐという意味に用いている。しかし、本来の意味は、「仕事が済んでホッコリした」のように、疲れたけれども安堵した、ほっとするという意味である。また、「退院しやはったのに、もひとつホッコリセンヨーどすな」のように、否定形で「思わしくない」の意味で使用することもある。雑誌やテレビなどで若者たちの新しい京ことばが出てくると、京都育ちの年輩者には、戸惑うことも多い。

無鉄砲

「親譲りの無鉄砲《むてっぽう》で子供の時から損ばかりして居る……」という夏目漱石『坊っちゃん』の冒頭は有名だが、良いか悪いか後先《あとさき》をよく考えないで行動することを無鉄砲という。鉄砲という漢字を書くけれども、これは当て字で、実は無鉄砲は「無点法」ということばに由来する。無点法の「点」とは、漢文を日本語の文法に当てて、いわゆる読み下し文で読むときの訓点の点であり、返り点の点のことである。

したがって無点というのは、漢文を読むときに返り点や送り仮名が付いていないことである。返り点や送り仮名がないと、一般の人にはうまく読むことができないし理解が不十分となるだろう。室町時代のことばを集めた『日葡辞書』には「無点なことをいう」のような表現について、わけのわからないことをいう、または、することだとある。「ムテンナヒト」というのもあって、これは、よく理解しておらず、はっきりと説明できない人のことである。

同じく、漢文に返り点や送り仮名がない、つまり無点だと、文意がはっきりしないことから、理屈の通らない向こう見ずの行動をとること、後先を考えないやり方を無点法というようになった。それが訛《なま》って無鉄砲になった。鉄砲の当て字を使うようになったのは、もちろん鉄砲伝来以後のことであるが、鉄砲もなくて刀を振り回すだけでは戦に勝てないことを自覚してからの用法である。ムテッパチともいう。

無鉄砲はまた無手法《むてほう》(しっかりした手立てがないやり方)から来たという説があるが、根拠に乏しい。天をも恐れぬということで無天罰の訛りが無鉄砲となったとの説も危ない。

似たような意味のことばで「向こう見ず」は、向こう、つまり将来のことをよく見ないで行動することであり、サキミズ(先見ず)ともいう。向こう見ずに無茶をするなどというときの「無茶」は、道理に合わない、筋道の立たないことである。これは、仏教用語のムサ(無作)からであろう。本来悟りの境地をさすことばが、理屈を超えたというところだけ強調されて、逆の境地になってしまった。無茶は当て字である。ムチャを強めてムチャクチャというが、これを無茶苦茶と書くのも当て字である。ムチャクチャはメチャクチャともいった。

若者ことばとして昨今よく聞くメッチャは、そのメチャクチャ(目茶苦茶・滅茶苦茶。いずれも当て字)やその前半分を繰り返して強調したメチャメチャからの類推によって造られた。「理屈抜きにとても」という意味合いでの「メッチャおもしろい」「メッチャうまい」のような表現を流行らせるまでになった。

向こう見ずに猛然と突き進むさまを四字熟語で「猪突猛進」という。「猪突」はイノシシのように真っすぐに後先をかまわずに突進することである。目標に向かってひたすら突き進むというよい意味でも「猪突猛進」という。無鉄砲に敵に向かって突進する武者のことをさす「猪武者」ということばは、鎌倉時代から使われている。

そういう無鉄砲な若者を見て、「つかぬことをする」と年寄りは嘆くが、そのツカヌコトは「思いもつかぬ」の上略形ツカヌで、思いがけない、またはだしぬけの意味である。もとは前の話と結び付かないのツカヌに由来する。人にものを尋ねるときに「つかぬことを伺いますが」というのなどがそれである。

厄介

厄介《やっかい》ということばは江戸時代の文献を見ると、家で生活の面倒を見てもらっている人、つまり居候《いそうろう》のことをさしている。たとえば、江戸時代の公文書には「誰々厄介　誰某」などと書かれているが、この厄介は、その家の同居人という意味である。「厄介」という文字は当て字であった。

家族の多い家をオオヤケ、小人数の家をコヤケという地域があるから、ヤッカイのヤカ（屋処・宅）は家のことである。イは居ることなので、ヤッカイとは「家居《やかい》」であった。ヤカイはもともと家屋に存在しているという意味だったのである。

このように、家に居る同居人という意味でのヤッカイには、もともとそれほどマイナスのイメージはなかったが、近世の公文書でヤッカイに厄年の厄という文字を当てて厄介と書くようになったので、しだいにこの語の感じが悪くなり、いつの間にか迷惑な人とか、他人に迷惑をかけることとかの悪いイメージになってしまった。「厄介」は他家に寄食することであり、手数がかかり迷惑をかけることとされるようになったのである。

江戸時代にはヤッカイはイソウロウ(居候)と類義語であった。当時の武家は、長男以外の次男・三男坊などは単なる同居人、つまり厄介として取り扱われた。もっとも、農村部では家の働き手として厄介は役に立つ存在ではあったのだが。居候は他人の家に世話になっている人であり、ヤッカイと同じく同居人を示す肩書であった。「誰々方に居候 何某」と書いたものである。

居候ではなくても人の世話になれば「ご厄介になります」とか「ご面倒をおかけします」とかいうが、この「面倒」は煩わしいこと、世話という意味で用いる。「面倒」も当て字である。人から物をもらったとき、幼児が額に両手を差し上げてメッタイ・メッテイ・メンタイという地方がある。メデルという動詞が基になったこのメッタイという感謝を示す語からメンドウができたと見る説がある。メンドウは感謝のことばから世話や厄介を示すようになり、さらに、恥ずかしい、決まりが悪い、醜い、みすぼらしいの意味へと変化したとするのである。

一方、『広辞苑』はその語源を説明して、「目」に、無益の意を示す「だうな」の「だう」がつき、撥音が入って「めんだう」となったのであるという。原義は、見るのも無駄の意とある。体裁の悪いという意味の「めんだう」は平安時代からあり、それが煩わしい・手数がかかるの意味を持つのは鎌倉時代からで、そこから世話・厄介の意味に転じた、としている。どちらを採るべきかは難しい。

困難なこと、苦しみ悩むことから面倒なこと、貧乏の意味へと変わって行ったのが「難儀」という語である。大阪ことばでナンギヤナーといえば、「困ったね」の意味になる。幕末ごろから多用された。困ったなあという気持ちをあらわし、「仕方がない」という諦めの気持ちでもある。

最近、そういう困ったときに若者はヤバイという語を常用するようになった。われわれの学生時代には使うことがなかった語である。厄介なこと、まずい状況になったとき、危ない、不都合なの意味でよく耳にする。もとは、ヤバイはテキヤ・盗人などの隠語として使われたことばである。官憲の追及にあって身の危険を感じたときに用いた。ヤバは江戸時代には厄場《やば》といい、犯罪者を収容するところであった。それにイを付けてヤバイと形容詞化したのである。辛労にイをつけて辛労イとし、訛ってシンドイとしたのと似ている。江戸時代、無頼の徒が無法なことをするのを上方では「ヤバナことをする」のようにいい、形容動詞ヤバナを用いている。

おいそれと

「こんな仕事はおいそれとは引き受けられない」というときのオイソレとは何か。オイソレのオイは人に呼びかけるときのことば「おい」であり、ソレの方は、それに応じることばで、もとは指示代名詞「それ」であった。

オイと呼ばれると、すぐにソレと答えて簡単に物事を引き受けてしまう。そこから深く考えもしないで、すぐに言いなりになってしまうという意味で使われるようになった。すでに江戸時代からオイソレは用いられ、軽はずみな娘をオイソレオトメ、軽はずみな人間をオイソレモノといった。

「軽薄な人」をオッチョコチョイというが、オイソレと同じ心理からの語である。オッチョコチョイのオッはオットドッコイのオットと同じように感動詞からで、チョコチョコは落ち着かないさまを示す擬態語である。チョイは簡単に物事ができる形容に基づく。

軽はずみでつつしみのない娘という意味で使う「お転婆《てんば》」の語源も諸説あって定めがたい。

金田一京助は、テンバは女子が足早に歩くさまをテバテバと形容したことによるとしている。あるいはテンマ(伝馬。輸送用の早馬)からとすると、伝馬が勢いよく跳ね回るからであろう。『大言海』は馴らすことができない、御しがたいの意のオランダ語 ontembaar からだという。

ついでながら大阪ではお転婆をハッサイという。男の子と拮抗してひけを取らぬ気の強い女の子である。「あそこの娘はハッサイでどもならん」などという。漢字ではふつう「発才」と書くが、「蓮葉女」というときのハスハと同系であろうか。蓮の葉は水を弾いてころころと玉にして散らしてしまうが、そのときの形状に見立てた、軽はずみで落ち着かないさまがハスハである。大阪では、ハチ・オハチ・オハッツァンともいっている。

式亭三馬の『浮世風呂』四・中に、「ちつとばかり来た分にやア、ヲイソレの間《ま》にパラリだ」とある。この場合のオイソレは「たちまち」の意味である。

副詞としてオイソレトというときには、よく考えもしないで、ただちにの意味になるが、多くの場合、下に否定のことばを伴う。「この計画に、おいそれとは賛成するわけには行かない」のような言い方である。

呼びかけることばとしてのオイを使ってきたのは男性であり、同輩や目下に対していっていた。女性はまず使わないし、目上にはいわないだろう。オイコラなどというと罵倒の感覚を伴う。警察官の態度が横暴だというので、「オイコラ警察」などと揶揄された時代もあった。

しかし平安時代には違っていて、オイはちょっと驚いたときに女性も発した。『枕草子』一三七に「おい、この君にこそ」とあり、このオイは「おやまあ」という気持ちである。何かを思いついたときにいう。それが相手に注意を促すときのことばになり、「話を聞いてるのか、おい」のようにいうようになった。

オイは返事のことばとしても使った。今でもかなり広い地域で「はい」に当たる応答語になっている。『源氏物語』玉鬘《たまかずら》巻にも「おい、さり、おい、さり、とうなづきて」と出ている。

やはり平安時代の用法だが、急に思いつき、驚いたときにオイヤともいった。『源氏物語』宿木《やどりぎ》巻に「おいや、聞きし人ななり」とある。おもしろいことにオイヤは福井県では「そうだ」の意味なのに、和歌山県田辺の女性語では「いいえ」の意味で使う。

ソレは、もともと代名詞であったと述べたが、相手の近くにある物や人をさす。相手の関心事についてもいい、室町時代には相手その人をさしてソレといったし、相手のいる場所もさした。物事を漠然とさすのに用いたわけである。そこから「それ行け」のように励まし、注意するときに掛けるソレが生まれ、またオイソレのソレの起源になった。ソレはまた、漢文の訓読で「夫」の読みとされ、「もしそれ自由あらずんば」のように用いた。

猫も杓子も

「何もかもすべて」「誰も彼も」の意味で「猫《ねこ》も杓子《しゃくし》も」とよくいう。この句は一休和尚(一三九四―一四八一)の狂歌「生まれては死ぬるなりけり　おしなべて　釈迦《しゃか》も達磨《だるま》も猫も杓子も」に由来するという。

ではどうして猫と杓子を並べたのだろうか。猫の足が杓子の形に似ているからかも知れない。猫が前足の片方で物をかき寄せるさま、猫のちょっかいが杓子に似ているからともいう。

ネコという語は、猫の鳴き声を示すネに親愛をあらわす接尾語コを付けたものであろうといわれている。関東から福島県にかけて、猫を呼ぶのにコウネコネといっているが、これはネコという語の起源に結び付くとは言い切れぬにしても、「来い」から来ているのではないかと考えさせられる。青森県八戸《はちのへ》で猫をさす幼児語にトットがあり、猫を呼ぶときトットというのも「疾《と》く(早くの意)」つまり「早く来い」からである。長崎県対馬で猫をカナというのも「来い」の意であろう。猫の古語としてネコマがある。これも来いと関わるのだろうか。

一方の「杓子」という道具は中国から禅僧がもたらしたものという。漢語の「杓」とは水を汲む器のことで、その和名はヒサコであった。のちにヒサコをヒサゴと訛って、もっぱらヒョウタンをさすようになった。ヒサというのは夕顔や瓢箪《ひょうたん》などの総称である。瓢箪をヒサと打つ音に由来している。水などを汲む柄杓もヒサコから出ている。ヒサコと音の近い漢語の「杓」から出たものと思い込んだためヒシャクというようになって、「柄杓」の字を当てた。さらに「杓」に子を付けて「杓子」の語を造ったのであった。ヒサコのコがもともと子の意味であることを忘れてしまったのである。

杓子のシャだけを取ってモジを付け、シャモジという語ができた。御所ことばに多い、いわゆる文字詞《もじことば》の一つである。烏賊をイモジ、蛸をタモジ、鯖をサモジ、海老をエモジ、帯をオモジ、髪をカモジのようにいう。頭の一字を採った符丁のようなものだから、その一字が同じならばいくつも同じものができることになる。たとえばクモジといっても茎漬け・酒(九献《くこん》)や盃事・首・還御《くわんぎよ》・公事《くじ》を意味するクモジがあった。

「オタマジャクシ(御玉杓子)は蛙の子」とは歌にも歌われている。確かに丸い形をしていて柄の付いた汁じゃくしに似ている。オタマは「霊魂」の意であろうか。そうだとすると杓子に霊魂が宿っていると見ての命名である。滋賀県多賀大社にちなんで「御多賀杓子」からとの説があるけれども多賀大社以外でも杓子は儀式の中心であったから特定はできまい。

さて、猫の語を含む言い伝えやことわざ、決まり文句は多い。「猫が顔を洗うと雨が降る」「猫が草を食うと雨が降る」と天候を占う。粗略に顔を洗う形容に「猫が手水《ちょうず》を使うよう」という言い方もある。「猫に小判」は貴重な物を与えても何の反応もないこと、何の役にも立たないことで、「猫に経《きょう》」ともいう。これに反して「猫に鰹節」となれば好物をそばに置いては油断できないことである。「猫に鰹節あずける」ともいえば、「猫に乾鮭」「猫に生鰯《なまいわし》」ともいっている。「猫が肥ゆれば鰹節が痩せる」というのは、一方が利益を得ると、他方に損失があることである。盗人に金の番と同じく「猫に肴《さかな》の番」という。「猫に念仏、馬に銭」は少しも感じないことであり、「猫に石仏」はそばに置いて何の気遣いもないことである。興味のないものには見向きもしないところが猫らしい。

また猫は熱い食べ物を嫌うことから「猫舌《ねこじた》」という言い方ができ、土地の狭く小さいたとえに「猫の額ほど」という。変わりやすいことのたとえに「猫の目」といい、繁忙には「猫の手も借りたい」と形容する。「猫を被《かぶ》る」は本性を隠してうわべの言行を飾ることによく使う。

ただしこの場合のネコは猫ではなくて「寝茣蓙《ねござ》」のことである。

ひょんなこと

予期しないこと、意外なさまを「ひょんなこと」というが、この語の語源はどうであろうか。ヒョンナは室町時代のことばを集めた『日葡辞書』には「服装ややり方などが奇異で突飛な」とある。

江戸時代初期の俳人であった安原貞室《やすはらていしつ》による、京ことばを集めた『かたこと』(慶安三〔一六五〇〕年刊)にも「ひょんなこと」が出ている。当時の京都ではヒョンナコトを「ひょがいなこと」「ひょうげたこと」などといった。「是はひょんといふ木の実の、えもしれぬ物なるよりいへること葉」ではないかとある。ヒョンノキからという説である。ヒョンノキはイスノキ・ユスノキといい、マンサク科の常緑高木で、庭木として栽培され、その材は柱・机に使用する。この木がどうして予期せぬという意味になったかは説明がないが、「ひょんの実」というのはこの木の葉を虫が食ったあとにできるこぶのことである。子供の遊びでこの虫こぶの穴を吹くとひょうひょうと鳴るところから木の名も「ひょん」となったのかも知れない。

貞室はまた別に説を立て、瓢《ひょう》(ヒョウタン)の形がおかしいので、変なことという意味でヒョウゲタといい始めたかともいう。「いかさましらぬことなれば、物に書付けて置てこそ、人にもたづね侍るべけれ」とあって、確信はないらしい。

私としてはヒョンのもとはホヨ、ホヤであるという説を採りたい。ホヨはヤドリギ(寄生木)のことである。『万葉集』(巻十八、四一三六)には「あしびきの　山の木末《こぬれ》の　ほよ取りて　かざしつらくは　千年寿《ちとせほ》ぐとぞ」という大伴家持の歌がある。

今でも東北地方にはヤドリギをホヨとかヒョウという地域がある。ヤドリギのホヨ・ヒョウは計り知れない力を持つとされ、ホヨを取って頭にかざしてめでたい印とした。ヤドリギは、宿木・寄生木と書くようにほかの樹木に寄生して生育し、本体の木の葉が枯れても常緑のままであったり、鮮やかな彩りの実を付けたりするところから、尋常でない力を有する木として世界中であがめられてきた。それが、妙な、突飛な、予期しない、意外な気持ちを示すものとなり、人間の力以上のものを感じてヒョンナコトという表現ができたと考えるのがよいだろう。

予想できない、思いもかけないことをさすのに「突拍子《とっぴょうし》もない」とか「とんでもない」などという。「突拍子」とは調子はずれのことである。これは今様《いまよう》の歌い方で、突拍子は、なだらかな調子が急に高くなる技法をいうことに由来する。トヒョウシともいう。トンデモナイというのはトデモナイが変化したものである。まったくそんなことはないという意味だが、トは副詞のトからか、あるいは名詞のト(途)の意味からであろうと考えられる。副詞のトは「あれやこれや」を「とさまかうさま」などというときのトで、「そう」とか「あのように」などの意である。「斯く(かう)」と対応して用いる。

『広辞苑』はトンデモナイを「途でもない」の転とする。「途」をみち・みちすじを意味する名詞と見ての説である。

「とんでもない話だ」のように非難の気持ちをこめた言い方もあれば、相手のことばを強く否定して「とんでもない、誰があんなやつの意見に賛成するものか」のように、冗談ではないぞと反対の気持ちをあらわす言い方もある。人から褒められて「とんでもございません」というあいさつが増えてきた。「とんでもない」のていねいな言い方という気持ちだろう。

このほか、並はずれているさまをトテツモナイというが、「途轍」は筋道・道理の意からである。トホウモナイというときの「途方」も同じ。

けんもほろろ

ケン・ホロロはともに雉《きじ》の鳴き声に由来する。雉が鳴く声をケンケンホロホロと聞いたのである。それが、どうも無愛想に聞こえるものだから、取り付く島もないこと、人から相談されてもぴしゃりと断るという意味になった。

ケンモホロロのケンは愛想のないという意味のケンドン(慳貪)という語を連想したものといわれる。ツッケンドン(突っ慳貪)というときのケンドンである。慳貪は中国語からの借用で、もとは、欲が深くてけちなことを言った。接頭語の「突く」を付けて、とげとげしさを強調し乱暴なさま、とげとげしく不親切なさまをいう。乱暴に突っぱねることを「剣突を食らわす」というが、そのケンツクのケンにも掛けたものかも知れない。

文禄二(一五九三)年の『天草本伊曾保《いそぽ》物語』の「イソポが生涯の事」には、「スコシモ　ショウインセイデ、ケンモホロロニ　イイハナイテ」のような記述がある。『俚言集覧』は江戸時代の『大和故事』を引用して「けんもほろろ」を、権モホロロ、ケンケンスルなどと同じであると、権威と雉の声とになぞらえたとしている。

その「ケンケンスル」だが、突っ慳貪にものをいうさまをケンケンともいう。『日葡辞書』にも「ケンケントモノヲユウ」と記されている。ケンケンは雉の鳴き声のほか、犬の鳴き声をあらわす擬音語でもある。確かに犬のキャンキャンと鳴くのはとげとげしい印象がある。またやはりその鳴き声から、ケンケンは狐のことをいう。

ところで、ケンケンという語は片足跳びの名称にもなっている。片足跳びは昔は成年の武芸であり、信仰行事とも結び付いて行われていた。敏捷な身のこなしが武術を行う際の大切な要件であったからである。武芸としての必要がなくなってからも、子供の遊びとして普及していた。

ケンケンは、片足で跳ぶときの頭に響く音感に基づく語で、足の運動の拍子に唱えた歌があってケンケンの語を含んでいたのかも知れない。ケンケンという名称は関西をはじめ、広い地域に使用され、東北や壱岐の島でもいう。平戸で片足跳びをケシケシというから、ケンケンは「蹴る」という動詞に結び付く語だという可能性もある。

ホロロの方はどうか。ホロ・ホロト・ホロホロ・ホロホロトは雉のほか、山鳥・杜鵑《ほととぎす》の鳴き声も示す。『方丈記』三(建暦二(一二一二)年成立)に「山鳥のほろほろと鳴くを聞きても」とある。

また『枕草子』一九九に「黄なる葉どものほろほろとこぼれ落つる」とある。鳴き声のほかに、ホロホロ(ト)は葉や花が散るさまを形容することばであったことがわかる。九月つごもり十月のころの描写である。ほろ苦い・ほろ酔いなどというときのホロも、小さなもの、軽いものがこぼれ落ちるときの形容から「少し」の意味を持つようになった接頭語で、何となくというニュアンスを加える。

そのほかにも平安時代から、涙がホロホロトこぼれるとか、激しく泣くさまをホロホロト泣くと表現している。物が裂け破れてぼろぼろになる形容にもホロホロトと形容した。夜なべ仕事に布を打ち柔らげるため砧《きぬた》を打つ音もホロホロトといった。

雉などの鳥が羽を打つ音をホロロというが、「ホロロを打つ」は羽ばたきをする、羽ばたきをして鳴くの意である。

ぐる

悪いことを企てる仲間をグルといい、共謀することを「ぐるになる」という。この語はグルグルという擬態語からできた。グルグルあるいはクルクルは、物が回転する形容に用いる。したがってグルグルと輪になるという意味でもある。クルクルはグルグルよりも軽快に回転するさまに用いる。「状況がクルクル変わる」のように、事態が目まぐるしく変わることにもいう。

グルリと輪になるように取り巻いて仲間をまとめることから、グルグルを省略してグルという語が造られた。それが共謀者、悪巧みをする仲間についていうことが多くなった。すでに江戸時代の浄瑠璃「菅原伝授手習鑑《すがわらでんじゅてならいかがみ》」にも「百姓どももグルになって」のように用いられている。なお、グルは体にグルリと巻くものなので帯のことをいうようにもなった。この、帯の意のグルは江戸時代に人形浄瑠璃の関係者が使った隠語らしい。

グルはまた「ぐるぐる髷《まげ》・ぐるぐるわげ」のこともいった。これは江戸時代の女性の髪形の一種である。元禄五(一六九二)年の『女重宝記』にも「ぐるぐる丸わげ」と出ている。「ぐるぐるわげ」は、髪を無造作にぐるぐると巻き付けて結ったものである。

一方、「ぐるになる」ときのグルの語源を『大言海』は「とちぐるひ」の上下略からかと説く。トチグルウとは、本来ふざける・たわむれるという意味の動詞であって『浮世風呂』三・上には「きいろな声を上ゲて、キイキイといってどちぐるふ」という例がある。『大言海』は、「とち」は「共に」の意の接頭語で、馴れ合うという意から、共謀することを意味するようになったとする。

グルグル、クルクル、クルリなど回転するという意味を持つことばと狂うの意味のクルウは同系の語ではあるまいか。精神や動作が正常な状態でなくなるのが狂うであるから、クルウはもともと舞うことかも知れない。菊や朝顔の「狂い咲き」は、季節はずれに咲く花のほか、ふつうの形でなく、美しくおもしろく乱れて舞っているような花のことをいうからである。

盗人・テキヤ仲間で使っていた隠語に、人力車のことをいうグルがある。この場合のグルは、クルマのクルとマを逆にしてマグルという隠語を造り、さらにマを省いてグルとしたというものだから、共謀とは関係ないが、そもそもクルマ(車)という語はワ(車輪)をクルクルと回して動く乗り物なので「転輪《くるわ》」から来た語だと見られ、ぐるぐる回ることとはつながる。

クルワといえば曲輪《くるわ》の文字を当て、城や砦の中の囲って防備を固めた部分だが、のちの太平の世によく使われたのは遊女屋のある一定区域、遊里または遊郭のことで、この曲輪もクルリと囲いが巡らしてあることからである。クルリ(転)ワ(回)の意味からであろう。

クルワが各地で親類や同族の意味となるのは、大家族制度の名残と考えられる。これもくるりと囲むことと関係があるだろう。かつて公家ことばを調査したとき聞いたところでは、公家社会でも公家仲間・一族の意でクルワの語を使用したとのことである。一定区域を囲んだ囲いという意味からクルワというようになったという点は同じである。

ところでクルワすなわち遊郭では、遊女が使用することば、郭詞《くるわことば》といわれるものがあった。「里言葉《さとことば》」「遊里語」ともいう。諸国から集まる女たちの方言がそのまま出ないように作られたことばだといわれる。江戸の新吉原で遊女は「アリマス」をアリンスといった。京都の遊郭、島原は西本願寺の西にあり、江戸時代から居ナマス・為《し》ナマスなどといったナマスことばが話され、幕末まで続いた。ナマスは「なさいます」の意である。

横紙破り

無理、理不尽をいうことばにもいろいろある。

無理なことを押し通すこと、またその人を「横紙破《よこがみやぶ》り」という。理屈なしに自分の意見を通すこと、世間の常識にはずれて我《が》を通す人のことである。まず「横紙」とは何か。

日本の和紙は縦に漉目《すきめ》があり、破るときは縦に裂けばきれいに裂ける。それを強引に横に破ろうとしても無理なことである。「横紙を破る」のは習慣にはずれた無理をすること、無理を押し通すという意味になった。「横紙を破る」という表現は室町時代初期に成立した『義経《ぎけい》記《き》』「判官《ほうがん》南都へ忍び御出《おんいで》ある事」に「人のよこがみをやぶるになれば、さこそあれ」と出ている。「横紙を裂く」ともいう。正保二(一六四五)年の『毛吹草』二にも、「よこがみさくごとし」とある。こうして物事を無理に押し通すことや我の強い人のことを「横紙破り」「横紙食い」というようになった。

「横車を押す」も同じ意味である。車は横から押しても動かない。そこから、理に合わないことを強引にすることにいう。無理に押し通す態度に出ることは「横車と出かける」である。

横という語の連想で付け加えておくと、天正年間(一五七三―九二)に書かれた有職故実《ゆうそくこじつ》の書『大上臈御名之《おおじょうろうおんなの》事《こと》』に記される女房ことばの中に、スルメを「よこかみ」というとある。これは「横紙」ではなくて「横噛み」の意。スルメは横筋で縦には裂けないからである。御所ことばでスルメは、スルスルという。

さて、「這っても黒豆」ということわざがある。これは虫だ、いやそうでない黒豆だと言い争っているうちに、それがとうとう這い出した。それでもなお、これは黒豆だと言い張って無理を通す理不尽で自信過剰の人がいる。そんな人のことをいうのに使う。日常生活で無理強《むりじ》いをすることは破滅を招く。「無理が通れば道理が引っ込む」ような世の中では困る。

やはり無理な要求をすることを、「籠で水汲め、槌で庭掃け」ともいう。「槌で庭掃く」とは、あわてて人をもてなすことにもいう。無理な望みは「絵に描いた餅を食いたがる」と冷やかす。

自分の意見を張り通して、なかなか自説を曲げないでいると、「なかなか頑張ってますな」と冷やかされたりする。ガンバルの語源を「我に張る(我意を張り通す)」からとするのは『広辞苑』の説である。もっとも「頑張りまーす」ということばは、昨今しごく気軽に使われているように思える。

別に、ガンバルは「眼張《がんば》る」からではないかとの説がある。「眼張る」は、もとは眼を張る、眼をつける、見張るということで、それから、ガンバルは一定の場所にじっとして動かないという意味になった、とする説である。東北ではガンバルをケッパルというところがある。気力のみなぎる状態をギンバルというところもある。これらは「張る」を含む語構成で、精出して努力する意のキバルと結び付く。キバルは「気張る」からで、もとは息を詰めて力むことであった。東北では意地を張ることをジョッパリというが、これは「情張り」からである。

京都では、精出して仕事をしている人に出会ったときにいうあいさつことばとして、「頑張ったはりますな、オキバリヤス」とオキバリヤスを用いる。

見栄を張って気前よく金を出すこともキバルである。大阪では品物を値切るときに「おっさん、もうちょっとキバッテンカ」といって値切る。

へなちょこ

へなちょこは未熟で取るに足りない者を罵ることばである。「へなちょこ言論家」のようにいう。『大言海』によると、明治十四・十五年ごろ、新聞記者の野崎左文が用いたのが始まりという。もとは楽焼の杯、すなわち猪口《ちょこ》の名からというのがおもしろい。この杯は鬼の面を外側に描き、内部にはお多福の面が描いてある。酒を入れるとじゅうじゅうと音がして酒を吸い泡立ったそうだ。これをへなちょこといったのは、材料のヘナ土にちなむもの。

ヘナは粘り気のある泥土、粘土である。その土をヘナツチといったことは『東海道中膝栗毛』五・下に出ている。「菜をよふ(よく)刻んで土にまぜて、壁をぬりおるがな。京ではその土を、へなつちといふわいな」とある。

チョコはチョクが転じたもの。チョコ・チョクを猪口と書くが当て字である。『大言海』によると「鍾《しょう》」の呉音という。小型のさかずきで、燗徳利とペアで用いる。その形が似ているので、本膳《ほんぜん》料理(正式の献立の日本料理)に用いる小さく深い、刺し身や酢の物を容れる陶器のこともいう。

差し出がましいこと、生意気なことを「猪口才《ちょこざい》」という。チョコだけでもその意味である。「猪口才」の「才」は、生まれ付きの資質や能力であり、知恵の働きである。それが小さな猪口一杯くらいしかないくせに、ということか。また「才」はザエとも読み、漢学やその学識、芸術・芸能の技量をさしていう。平安時代、ザエノオノコ(才の男)といえば神楽で滑稽な演技をする役であった。滑稽を巧みに行うのは技量がいるということだろう。

仕事に慣れないうちは、とかく未熟者といわれ青二才のくせにと叱られる。青二才の「青」は未熟のことであるが、「二才」の才は「猪口才」の才か、年齢の二才か。実はどちらも違うのである。ニサイはニイセから変わったことばなのだ。ニイは新しいこと、セは女性が自分の夫や恋人、成長した兄弟のことをいった語で兄、夫、背などの漢字を当てている。もとは広く青年・壮年をさし、ニイセは元服して新たにセになった人であった。ニイセに対してフルセが村の老人をさす地域がある。

「へなちょこ」から連想しやすいのは「へなへな」という語かも知れない。このヘナヘナは擬態語からで、へなちょこのヘナ土と関連はないようだが、「へなへなの板」というように物に張りがなく手ごたえもなくて、たやすく曲がってしまったり、たわんだりする形容である。

老齢になると体力・気力が衰えてへなへなとしゃがみこむ人が増える。「へにゃへにゃ」という言い方をする人もいる。ヘナヘナは言語として辞書にも登録されているのに、ヘニャヘニャは十分に言語記号として機能するまでにはなっていない。また、へまなことや失敗の多いことをあらわして「ヘモヘモ運動会」のような見出しが新聞に載っていたこともある。こうした擬態語の雰囲気は推察できる。

ヘナヘナに似た擬態語にフニャフニャがある。「フニャフニャのボール」というときのように、物が柔らかくて締まりのないさまにいう。フニャフニャした男というと、自主性のない頼りない人である。音を変えてクニャクニャとすれば、柔らかで形が決まらず曲がり歪む形容になる。グニャグニャは折れないで曲がり変形するさまで、柔らかで無力のさまをいう。

このように、音にはそれぞれの呼び起こす感覚があるために、その組み合わせは、多様な音象徴を引き起こすことができた。それらの音象徴を造語の新鮮さを目指して日本語に採用し、それを幼稚なこととして退けなかったことは、われわれの先祖の知恵であり、感性ゆたかな言語を造りだそうとした先人の才能の表れであったといってよい。

てんやわんや

てんやわんやとは、忙しく各人勝手に振る舞い騒ぐことをいう。テンヤは「手手《てんで》に」の意である。ワンヤは、わいわい騒ぐさまをいう。「てんやわんやの大騒ぎ」というように使う。江戸時代には江戸の俗語として使用されたが、やがてこの語は大阪で多く用いられるようになった。

『俚言集覧』の「てんやわんや」の項には「江戸の俗語也、騒動するを云う。手手《てんで》、我我《われわれ》の意か」とある。

『広辞苑』は、「手に手に」の転のテンデンにワヤまたはワヤクが付いたものとしている。ワヤクは無茶苦茶、無理・無法という意味であり、オウワク(枉惑)の変化したものという。枉惑というのは道理にはずれたことをして人を惑わすことである。ワヤクには聞き分けのないこと・腕白の意味もある。室町時代には腕白者を「わやく者・わやく人」といった。

ワヤは今でも京阪で「台なし・無茶なこと・失敗」の意味で使用する。「このごろ売れ行きが悪うてさっぱりワヤや」「大地震でなんもかもワヤになった」のようにいう。「ワヤにしやがる」のように、「無茶なことをする・乱暴をする」の意味でも用いる。ワヤクソともいい、「シャツが雨に濡れてワヤクソや」と嘆く。大阪人はワヤといいながらも負けまいとする意地がある。

てんやわんやに対して、「てんてこ舞い」は、多忙で落ち着かないさま、うろたえ騒ぐ様子をいう。「てんてこ舞いの忙しさ」などと使う。もともとは宮崎県の日向や高千穂の夜神楽《よかぐら》(夜に奏せられる神楽)のように、太鼓の音に合わせて舞うことであった。その太鼓の高く鳴り響く音をテンテンと表現し、それをテンテコともいったのである。テンテンは張り切っているさま、足早に歩くさま、人をもてなすさまなどの形容にも用いられる。足早に歩くようなテンテコという太鼓の音に合わせて舞うので忙しい。「天手古舞」は当て字である。

てんやわんやてんてこ舞いからの連想になるが、太鼓のほかにもテンテンという音であらわすいろいろの語がある。「点々」は、点を打ったようにあちこちに散在することである。「転々」は次々と移動すること。「輾転」となると難しい漢語だが、ころころ回転することで、転がるように移ること、寝返りを打つことや、ころころ変わることをいう。夜眠れずに寝返りばかり打っていることを輾転反側《てんてんはんそく》するというのは、『詩経』にも見えている。

幼児の手遊びでオツムテンテンといいながら、手で頭を軽く打つときのテンテンは擬音語であろう。頭のことを幼児語でテンテンというが、これは江戸時代の『浮世風呂』にも出てくる。「天窓」「天天」とするのはは当て字である。

手ぬぐいの幼児語もテンテンである。この語には手ぬぐいの「手」の意識が伝わっている。「手鞠」をテンテンというのは、マリをつく音と結び付いている。京都の戦前のわらべ歌の中に「てんてんてまりの音の数　ひにふにみつっよっ　いつっむつっと数えて　七つになると私は　尋常一年生　あらうれしいな　うれしいな」という手まり歌があった。

めいめい、おのおのの意味でいうテンデンは、その人自身、自分の意味でも用い、その起源はてんやわんやと同じに「手に手に」からとする説が有力だが、「手手《てで》」の約とも思える。各自をメイメイ(銘々)というのは、「面々《めんめん》」からという。「面々の蜂を払え」というが、他人のことを気に掛けるよりも、自分のことを振り返って見よということである。

第二章　べそを「かく」、あぐらも「かく」

――ことばと日本文化――

ことばの由来を考えるとき、ことばの背景にある日本文化をたえず念頭におかねばならないのはいうまでもない。この章で取り上げるような昔から決まり文句として使われてきたものは、それぞれの語句が組み合わされた事情に注目する必要がある。

たとえば無駄話をして時間を浪費すること、怠けることを「油を売る」というのはなぜか。かつて江戸時代には、客の家を訪問して油を売り歩く商人がいた。それが、油を注ぐのに時間をかけながら客の婦女を相手に長話をしたことからできたことばだという。このように、一つ一つのことばには文化的背景がある。そうしたものの持つ意味、重要さに注目しながら読み取って行きたい。

べそをかく

顔をしかめて泣き顔をすることをナキベソヲカクとか、ベソヲカクという。この場合のカクは、汗をかく・鼾《いびき》をかく・恥をかくのカクと同じように外にあらわすという意味を持っている。べそはもともと「べし口」という語から出ている。「へし口」ともいう。ベシがベソと変わったのである。

ではベシクチのベシとは何か。江戸時代のことばを集めた『俚言集覧』によると、ベシというのは能面の大癋見《おおべしみ》の面(「大圧面《おおべしめん》」ともいう)、つまり天狗に用いる面のことである。その面は口をへの字につぐんでいる。そのように口をへの字に結ぶことがベシだという。これは、ちょうど子供が泣く顔付き、泣き面に似ている。

ベシないしヘシは、漢字では圧の字を書く。「圧す」は押さえ付けるという意味である。「へし口」のヘシは、「押し合いへし合い」「へし折る」などの「へし」がそれで、したがってヘシグチは、口を「へ」の字のようにしてつぐむこと、またその口をさす。そのようなへの字のべシクチを作ることから、べそをかくことをベソヲツクルともいう。

東北地方の方言では「べそ」をベチョ・ベッチョ・ベッチョコのようにいっている。

べそをかくことはベソカキであり、その顔付きはベソカキヅラである。べそをかいて泣く様子を形容するときには、ベソベソ・ベソリベソリのような表現が江戸時代には使われていた。

「泣きべそ」ということばの印象から、身体部位の「へそ」を連想しやすいが、実は臍《へそ》とは関係がない。ついでに「へそくり」のへそも臍のことと思われやすいが、やはりそうではないので、少し説明しておこう。

へそくりとは、人に内緒でためた金で、へそくり金ともいう。ヘソ（綜麻）を繰りためた金の意味であろう。ヘソというのは、織機に掛ける縒《よ》り合わせた麻糸のことである。ヘソのへは、経糸《たていと》を整えて機《はた》に掛けることをさす動詞「綜《ふ》る」に基づく。ソは植物の麻のことである。

身体の臍の方を使う言い回しには、おかしくてたまらないときの「臍で茶を沸かす」「臍がくねる」「臍が宿替えする」などがある。いずれも不可能なことを挙げて、それほどおかしいのだ、とたとえている。「宿替え」とは引っ越しのこと。京阪でいう。

同じヘソ・べそという語形であっても、身体部位の臍のことだけとは限らない。ベシクチのベシに由来する場合もあれば、綜麻と結ぶ場合もあり、語源を異にする同音語があるということを頭に置いておかないと、語源談義もただの思いつきになってしまう。慎重さが求められるゆえんである。

べそをかくように泣きはしないが、渋面《じゅうめん》を作るというのも不機嫌でしかめっ面になることである。渋面はシブツラ・シブッツラともいう。熟していない柿などを食べたときの舌を刺激する味がシブであるから、同じへの字の口をしていても、苦々しい顔付きのときに使われたのである。

けしかける

相手をおだてたりそそのかして、自分の都合のよいように行動させることをケシカケルという。相手を扇動することである。

もとは犬などを勢いづけることばであった。『日葡辞書』にもQexicaquru ケシカクルとして「犬とか他の猛獣とかがかみつくように、けしかける、または、あおりたてる」とある。

犬に声をかけるときに使うことばを「犬ことば」というが、ケシカケルのケシはこの「犬ことば」に由来する。ケシケシ、これは「行け行け」というような意味である。もともとシキシキ、シケシケといったものが、続けて呼ぶうちに前後が逆になってケシケシというようになり、さらにケシカケルという語ができた。『俚言集覧』には「シキシキ、犬を奨むるにも馬を追ふにも謂ふこと也」と出ている。シキシキは擬態語で、行動を促す呼びかけである。

犬をけしかけるには、このケシケシのほか、地方ではウシウシ、オシオシといい、ほかにもウスウス・ホシホシ・ゴシゴシなど、s音を含むことが多い。「それ行け」の気持ちをシ・スの音に託したのである。室町時代には、犬をけしかけることを「犬をホシメカス」ともいった。これも『日葡辞書』による。

仙台方言を集めた古い文献『浜荻《はまおぎ》』にはケシロカケルとあるが、そのほかでもケシカケルに相当する各地の方言には、チョコカケル・ショイショイカクル・ヤシカケル・クスカケルのようにカケルを語基とする語がある。

犬ことばを少しまとめてみよう。犬を呼び招き寄せるときに発する語が各地にある。広島県・山口県など中国地方の西部では、「早くこっちへ来い」というときトートーという。トートーは、早くの意味の古語「疾《と》く」から出ている。犬そのもののこともトトコ・トートコ・トチコ・トトココなどという。トートコのトーはやはり「疾く」からだし、コは子ではなくて「来い」ということからであろう。岩手県では犬を励ますのにハックハックというそうだが、これも「早く早く」というのが起こりではないかと思われる。

同じように犬に対して「来い来い」と呼びかけることから、九州ではコーコーというと「犬」をさす。四国や山陰、飛騨でもコーコは犬のことである。したがって、多くの人が知っているイヌコロという語も、犬ことばに発する可能性は高い。イヌコロのコロはおそらく子供がコロといって犬を呼び寄せたからであろう。コロコロと呼ぶ人もいる。

今では証明しにくいけれども、そもそもイヌという語も、万葉集時代の「去る・戻る」の意味のイヌル・イヌと無関係ではなかったかも知れない。今でも京ことばでは帰るをイヌという。「往ぬ」には、行く・去る・来る・帰るという意味の広がりがあり、犬に向かって「行け」あるいは「来い」の意味でイネなどと言っていたことが「犬」の名称につながったということも考えられる。

コロコロは犬のほか鶏を呼ぶのに使用する。対馬では鶏に向かって「来い」の意味でコロコロという。

そうだとすると、けしかけると似た意味のあるソソノカスという動詞も、もとは犬に対してソレソレといっていた名残なのかも知れない。「そそのかす」は平安時代には、せかして行かせるの意味であった。ノカスは退かせることであって、ソレソレと行かせ(退かせ)た、と考えるのである。

小股が切れ上がる

男性の長身の大男を江戸時代に「すまたが切れ上がる」と形容した。「すまた」は素股と書き、むき出しの腿がすらりと長いのを「切れ上がる」と表現したのだろうか。

女性に対しては「小股（または小俣）が切れ上がる」といい、この表現は安永年間（一七七二―八一）に流行したものである。女性のすらりとして粋な容姿についていうことが多かった。「小股」の「こ」は「小生意気・小憎らしい・小気味よい」のコと同じように語調を整え、「ちょっと」の意を添える接頭語である。

小股というのはモモの特定部分ではなくモモとモモのスペース、空間をいう。ヒップが高い位置にあって粋な感じの女性のすらりとした形容に用いた。のちに女芸者などの取り繕わない姿にいうようになったが、上流の良家の子女については使われることはなかった。そういえば、「粋」は「上品」とは対立する概念だということを、九鬼周造の名著『「いき」の構造』が明らかにしている。太り過ぎているもの、やせ細ったものには「小股が切れ上がる」とはいわない。

腰が太かったり尻の大きい女性にもこの表現は使わない。

相撲で機敏にモモを取って相手の股を内側からすくい上げるようにして倒す技を「小股すくい」という。「小股を取る」ともいう。この技は室町時代以前からあった。その技を比喩的に用いて、他人の欠点に乗じて自分の利益をはかるという意味で用いるようになった。人の油断しているすきを利用して自分の利益をはかるのである。相手の股をすくって倒すことから、不意の手段を用いて相手を負かすことを「小股を掻く」という。

また「小股取っても勝つが本《ほん》」ということわざがあるが、多少は卑怯な方法でも勝つことが重要であるという意味である。「勝つが得」とも表現する。たとえ屈辱的な目に遭っても、とにかく勝つのが得策であるという意味で使う。

小股は歩幅の狭いことにもいい、狭い歩幅で歩くことを「小股歩き」という。歩幅が狭いという意味のほかに「小股」は股そのもののこともいう。先に述べたように、このときのコは接頭語とされる。「小首を傾ける」というときの小首は首のことで、小さい首ではない。「小腰をかがめる」の小腰も腰のことで、腰が小さいことではない。

「小手」は肘と手首との間の意味であり、手首や手先をもさす。コテは肩先から胸をおおう鎧《よろい》の付属品の名でもあれば、剣道の道具の名になり、剣道の決まり手の一つでもある。この場合は籠手《こて》とも書く。

これらの接頭語のコは身体の部位をあらわす語に付いて、その動作を軽やかに行うさまを示している。「小耳にはさむ」というときの小耳には、ちょっと聞こえてくる情報をとらえるという、軽い気持ちがうかがえる。だから「小股が切れ上がる」の小股は、軽やかできりりとしたニュアンスが感じられる語なのである。

地団駄を踏む

怒りや悔しさに身もだえして、激しく地面を踏みつける様子である。ジダンダのジは地面のこと、ダンダはタタラ(踏鞴)からで、ジタタラから変化したといわれる。たたらは大きいフイゴ(鞴)のこと、ジタタラは足で踏む鞴のことである。怒って地面を踏み鳴らす動きが、たたらを踏む動作に似ているからであろう。

鉄などの金属を精錬する道具として、踏鞴は上代から使用された。『日本山海名物図会《ずえ》』(宝暦四(一七五四)年ころ成立)にタタラを踏む図がある。タタラの両側に二人ずつ並んで足で踏んで炉に空気を吹き送る。昔は両足で踏んだらしい。『大言海』はたたらの語源をタタキアリ(叩有)からとしている。

タタラヲフムは勢い余って踏みはずし、から足を踏むの意味で使われる。タタラを踏む作業は労苦を伴った。それこそジダンダヲフムような格好でもだえる労働であったという。

また、「ダダを捏《こ》ねる」というが、このときのダダもジタタラに由来している。幼児が、思うようにならないときに、泣いたり暴れたりして我がままを言い張ることである。「だだを踏む」「だだをいう」ともいう。あぐらをかく状態で両足を投げ出してばたばたさせる幼児のしぐさがタタラを踏む姿を連想させるからである。

だだというのは、地踏鞴から、ジダダとなり、ジダンダとなって、ダダになったと見るのが有力な説である。ダダに「駄駄」の字を用いるが当て字である。そのほかダダは子供がすねて我がままをいうさまの擬音語からとする説のほか、イヤダイヤダという否定表現からという考えもあるが、これらは確証に欠ける。

捏ねるは、粉末や土に水をまぜて固まる程度に練ることだが、具体的なモノを捏ねるばかりでなく、「理屈を捏ねる」のような用法もあることから、「だだを捏ねる」のように、無理をいって困らせるような場合にも使われるようになったのである。

地団駄を踏むときの気持ちは、やはり「悔しい」であろう。取り返しがつかないで残念な、の意味のクヤシイはクヤムという動詞と同じ語源である。腹立たしいの意味ではクチオシ（口惜しい）を用いたが、近世以後は、その意味でもクヤシイというようになった。

クヤシ、クヤムは古くから使用されていることばであるが、その語源はよくわからない。『大言海』は「クユ」と「懲《こ》る」との関係を考えている。ウラムの語源がウラ（心）ミル（見る）

からだとすると、クヤムは心が懲るからであろうか。「悔いる」の古形「悔ゆ」と類音の「懲る」を結び付けたのだろう。

そのウラムは相手に不満を持ちながら、相手の気持ちを知りたくて(心を見たくて)、不満をこらえている状態がもとの意味であった。もとは心の中の持続的状態をいったが、のちにそれを外へ示す動作をもいうようになった。これがウラヤムとなると、ヤム(病む)という要素が入っているので、もとは悪意を含む妬みではなかったろうか。ただし現在使われているウラヤム・ウラヤマシイという語のニュアンスが昔と同じかどうかは疑わしい。

のたうちまわる

あまりにも苦しくて転げ回ることを「のたうちまわる」という。「のたうちまわる」のノタは、ヌタの変化したもので、これは本来、「湿地」を意味することばである。ニタともいう。

ぬた(沼田)というのは泥深い田のことでもある。猪が泥の上に枯れ草をかき集めて寝る、あるいは体に泥を塗り付けるというところから、猪の寝床になるような泥土をいう。高知県では猪の出てくる山間の湿地のことも「ぬた」という。また、大阪府南河内郡や奈良県吉野郡ではノタともいう。

猪が草の上や泥土の中などに寝転ぶことが「ぬたうつ」である。熱くなった体温を冷やすため、また、虻《あぶ》や蚊に食われないためという。ヌタウツ猪の様子から、苦しみもがくことをノタウツというようになった。ノタクルともいう。

「のたうちまわる」は、湿地の意味のヌタ、ノタが、のたうって転げ回る、苦しみもがいて転げ回るという意味になって広まった。

湿地や沼田を九州の各地でムタという。牟田の漢字を当てているが、ノタやヌタと無関係ではあるまい。ムタの古語はミザであり、これは地面のことである。地面をジベタというが、ベタもやはり古語のミザと同じ語源であって、語頭のｍを類音のｂに変えたもの。やはり地面のことである。「地」の漢音とベタが複合してジベタとなった。沖縄方言のミタ・ンジャも、多良間《たらま》方言のミザも地面のことである。八丈島でも地面をミザというし、佐渡でもミザ、信州北部にもツチミザの語が見つかる。文献での立証は難しいが、ミザのもとはおそらく清音でミサだったのであろう。

ところで、料理にもヌタというものがある。細かく切った魚肉、野菜などを酢味噌であえたものである。古くからあった調理法で、『日葡辞書』にはnutaという語があり、一種のソースのようなもので、膾《なます》などを調理するのに用いる、と記されている。つまりヌタであえたものがヌタナマスで、略して料理名もヌタになった。ぬたあえともいう。元和九（一六二三）年成立の笑い話・奇談集である『醒睡笑《せいすいしょう》』巻之三「自堕落」に、「天に目なしとおもひ、ぬた膾を喰ひける処へ、旦那来り見付けたれば……」と、こっそりぬたなます（饅膾）を食べているところを見つかった学僧の話が出ている。

先に述べたように、ジベタのベタがミザに、さらにノタウツのノタや、沼田のヌタと結び付くことを考えれば、ヌタナマスのヌタも、これらの語と絆を保っていることがわかってくるだろう。われわれの祖先の自然観察の目の鋭さを彷彿とさせる命名だと思う。

さて、のたうちまわるほどの苦しみは「七転八倒」という。シッテンバットウとも読む。転げ回ってもだえ苦しむ様子をあらわしている。ところが、「七転八起《しちてんはっき》」といえば、何度失敗しても奮起して立ち上がることになる。ダルマさんでおなじみの「七転び八起き」ともいうが、これは人生の浮き沈みがはなはだしいことのたとえにもなっている。

面食らう

驚いてあわてる、うろたえることを「面食らう」という。面食らうの面は、（びっくりした）顔のことと思う方もあるかも知れないが、この漢字は当て字である。

相手をおどかしてあわてさせようとするときに、「この野郎、トチメンボウを食らわすぞ」などというが、面食らうのメンはトチメンボウのメンから出ている。栃麵棒とはトチメンを作るときに使う棒のことである。

栃麵とはトチの実を砕いて饂飩粉《うどんこ》に混ぜ合わせて打つ麵である。栃の木の実は澱粉が多く、かつてはよく餅や粥に混ぜて食べた。その栃麵を作るのに、棒で手っ取り早く延ばさないと麵が縮んでしまう。早くしなければならない。それで、あわてふためくことを栃麵棒というようになった。

トチメンボウを食う、トチメンボウを振るともいう。江戸時代十七世紀後半の寛文年間（一六六一―七三）の俳諧に「夕立にとちめんぼうをふる野かな」という句がある。野良仕事をしていた人たちが夕立であわてふためくさまをいったものである。トチメンボウをクラウということばが省略されてメンクラウになった。

トチメンボウを省略してトチメンだけでもあわてることの意味で使われ、十七世紀はじめの『醒睡笑』に出ている。今では栃麵棒を見たことがあるどころか、栃麵というものを食べたことのある人すら少ないだろう。ことばの方が一人歩きした例である。

そういえば夏目漱石『吾輩は猫である』の中にも、西洋料理の店で「トチメンボー」という料理を注文して周りの者を煙に巻く話があった。漱石は栃麵を食べたことはあっただろうか。

栃麵棒の語源を「とちめく坊」に求める説もある。トチメクは、あわてふためくさまをいうからである。トチメクという語は『天草本伊曾保物語』に記されている。

演劇や放送などで言い損なうことをトチルという。トチルは、舞台で役者がせりふやしぐさを間違えることから、やり損ないや失敗するという意味にもなった。トチルとトチメンボウとは無関係ではあるまい。役者の世界には、とちって迷惑をかけた相手にそばをおごる「とちりそば」というしきたりがあるそうだ。麵ということで、栃麵棒とつながるようでもあるところがおもしろい。

「面食らう」の「食らう」は「食う・飲む」に対して、ぞんざいな言い方である。パンチを食らうというように、「食らう」には、よくないことをこうむるという意識がある。

急なことで驚いてまごつくことが「面食らう」であるが、凧が空中で舞い狂うことも「面食らう」という。凧揚げをするとき、凧の揚がり具合やバランスを調節する糸をつけるが、それを糸目という。うまく調節できないと凧は舞い狂うことになる。「金に糸目をつけない」というときの糸目も凧の糸目から来ている。「糸目」は本来つけるべきものなのにそれをつけない状態ではやり繰りが大変である。やがて面食らって、栃麺棒を振る仕儀にならないとも限らない。

あぐらをかく

両足を組んだ格好で座ることがアグラヲカクである。アグラというのは、もとは古代貴族の座る床の高い台、胡床《こしょう》のことであった。アグラを漢語では胡坐《こざ》というのは、胡床の上に座った形であろうか。大和ことばではアグラのアは「足」、クラは「床」を意味している。この場合のカクは組み立てるの意である。

あぐらをかくことは、昔の男のふつうの座り方であった。地方によっては、ジョロカクとかジョロクムという。ジョロとは、丈六《じょうろく》のことで、仏像の大きさをいうことば。一丈六尺の意である。丈六の仏が座る姿に基づくという。

奈良や和歌山ではあぐらのことをウタグラ、オタグラという。三重県でイタグラ、彦根でイタビラ、九州北部でイタグラメ、関東でビタグラなどというが、これらは座るを意味するイルに、タグラを付けて造った語である。タグラは、蛇などがわだかまるトグロと同系の語で、足でツグラを作ることをいう。ツグラというのは、藁《わら》で作った円い器のことである。昔は嬰児《えいじ》が這い出さぬよう入れておくのに使っていた。成長を阻害するというので使われなくなってからは民芸品などで残っているくらいなので、想像が付きにくいかも知れない。

静岡県や長野県であぐらをアズクラというのも、足のツグラということであった。アグラヲカク格好をスワルという地域もある。

スワルという語は「据える」に由来する。食べ物を、めいめいの前にスエルことから、人を座らせる意味になったのである。一般的にはスワルは、足の裏に尻を乗せる座り方をいう。

男があぐらをかくのに対応する昔の女性の座り方には、横座りするネマルがある。百人一首のカルタの図柄に見られるような十二単を着た平安時代の女官にとっては、くつろいだ座り方であったろう。室町時代から女性が使用した、尻をオイドとかイシキ(居敷)ということばはその座り方と関係している。日本海沿岸ではそのネマルが一般的にスワルことをさすというところもある。

ネマルはまた、日本海岸地方では魚が腐る、発酵するという意味に変化して用いる。発酵すなわちナレ鮨のナレ加減のことであるから、ころあいにネマル状態には味わいがあった。それが女の座る物腰と結び付いているのかも知れない。あるいはネバル(粘る)と同系の語だろうか。

京都では尻をオイドという。イドは居るところ、座るところという意味である。立ったり座ったりする「立ち居」の「居」にスワルという意味が伝わっている。

西洋式に椅子に腰掛ける生活が多くなって、スワル様式は変化した。東京などで、どうぞお楽にという意味でいうオタイラニも、本来は膝をくずして楽に座るイタグラやオタグラと関係することばだったが、そういう意識がなくなってきた。

また戦中に教育を受けたものは知っていると思うが、軍隊用語では「折り敷き」という座り方があった。右脚を折り曲げて尻の下に置き、左脚を立てるという身構えである。すぐに立ち上がれるようにという臨戦の身ごなしであったということを知る人も少なくなっただろう。

揚げ足を取る

人の言い損ない、言葉尻をとらえて非難することを「揚げ足を取る」という。

「揚げ足」は、室町時代のことばを収録した『日葡辞書』にもすでに「挙げ足」として「馬を地面に倒そうとする時とか、じっと静止させたりする時とかに、持ち上げる片方の側の前足」と出ている。つまり鳥獣が地面を引っ掻いたり、休んだりするときに、足を上げることが「揚げ足」である。「揚げ足を取る」は慣用句として、馬の足を持ち上げるという意味で、やはり『日葡辞書』に載っていて、「挙げ足を打つ」ともいったことが記されている。しかし、この場合には言葉尻をとらえるという意味はないようだ。

片方の足を曲げもう一方の足の上に乗せることもアゲアシであり、そのような格好で腰を掛けたり、あぐらをかくこともアゲアシである。その意味で同じく『日葡辞書』には「休息する際などに、他方の足の上に重ねてあげた足」とある。

またアゲアシは、相撲などで宙に浮き上がった足、浮足のことである。アゲアシヲトルは、相手を倒すために相手の浮いた足を取ることであった。江戸時代には、相手を非難する意味に変化した。相手に付け込みやすい状態なので、些細なことで相手の言い損ないや、言葉尻をとらえてなじったり責めるの意味に変わって用いるようになったのである。

アゲアシやアゲアシトリは、相場の値動きの足取りが上昇する傾向にも使い、アゲアシトリはタカアシトリともいう。相場の「上げ足」に対しては「下げ足」もあり、「下げ足取り」という用語もある。

日本語には些細なことを詮索するための表現が、このほかにも見つかる。これはいつの世もありがちな人間的な欠陥なのだろう。人の欠点を捜し出して悪口をいうことをアラサガシ（粗探し）という。「穴探し」も人の欠点を捜し出すことで、江戸時代から使われていた。「針ほどのことを棒ほどにいう」は、事実を誇張することである。「針小棒大」という語はよく使われる。「針ほどの事を柱ほど」ともいう。小さい事柄をおおげさに誇張していう形容である。『譬《ひ》喩尽《ゆづくし》』（天明七〔一七八七〕年成立）でも「針程な穴から棒程な風が来る」と、針と棒を並べている。

「根掘り葉掘り」は根元から枝葉にいたるまで何もかもすっかり掘り出して見つけようとするように、しつこく物事を問いただすさまにいうが、「根問い葉問い」ともいい、これも江戸時代からのことばである。

「人の一寸我が一尺」とは、他人の欠点は見やすく、我が身の非を知るのは難しいことのたとえである。他人の一寸ほどの欠点も気づくのに、その十倍の一尺ほどの大きさの自分の欠点は見落としがちである。「人の一寸は見ゆれど我が身の一尺は見えぬ」といったり、「人の針ほどは見ゆれど我が棒ほどは見えず」ともいう。またたとえに針と棒が登場している。

「重箱の隅を楊枝でほじくる」というのもおなじみの言い回しだが、いかにもせせこましい感じがする。そういうやり方をたしなめて「重箱の隅は杓子で払え」といったりする。

「毛を吹いて疵《きず》を求む」は中国の『漢書』に由来し、毛を吹き分けるほどのことをして、小さい疵を捜し出すことから、他人の過失を捜し出すことにいう。のちに、人の悪を暴こうとして、かえって自分の過失を暴露するという意味になった。

合点が行く

納得できること、よく承知することを「合点《がてん》が行く」という。納得できなければ「合点が行かぬ」となるが、このガテンは、合点《がってん》のちぢまった形である。「合点が行く」という表現のときは、ガテンと発音することが多い。承知したの意味で「がってんだ」といって駆け出す町人の姿は、時代劇でおなじみだろう。

この合点は、もともと和歌・連歌・俳諧を批評するときに、良いものに点を付けることであった。歌合せや俳諧などの場で、優劣を判定する役の人を判者《はんじゃ》というが、判者は良いものには句の右肩に鉤点（⌐）を付けた。「よろしい」という印である。判者が二人以上のときには、もう一人が句の左肩に鉤点を付けた。○点●点などを用いることもあった。合格点、同意の印の合点が付けられるという意味から、相手のいうことが納得できる、すなわち承知するという意味になったのである。

「合点の悪い山伏、寝るにも兜巾《ときん》」という。兜巾というのは修験道の山伏が頭にいただく小さな布製の頭巾のことだが、時と場所をわきまえない山伏は、寝ているときもそれを被っているというのである。昔は何かにつけてこういう俚諺《りげん》を口にしては人を諭す年寄りなどがいたものだが、今はどうだろうか。

「合点だ」は承知したときの庶民のくだけた言い方だが、「承知しました」という意味で「承《うけたまわ》りました」という言い方は、室町時代から慣用句としてあった。イエズス会士のファン・ロドリゲスが十六世紀の終わりごろ著わした『日本大文典』には、うけたまわるというのは書きことばであり、話しことばではウケタマウルという、とある。承るはウケルにタマワルの付いたもので謹んでいただく、謹んで聞くの意味になった。

変わったところでは、太平洋戦争中の軍隊では「全然同意」という四字熟語が使われていた。筆者自身の軍隊日誌にも査読した上官がそのように記した箇所があり、口頭でも耳にしたことがある。「全然」に続く場合は否定の語句を用いるというのは文法家の説であるが、明治時代の文豪が肯定で表現した例もあり、「全然同意」のような表現は少なくとも戦中からあった。動いている日本語をどうとらえるかという、言語観にも関わってくる問題だろう。

くだけた間柄なら、承知の意味でオー・ケーということもあるが、オー・ケーは米語のＯＫから日本語に入った。この語は珍しくその由来が日付まではっきりしていて、一八三九年三月二十三日付のモーニング・ポスト紙（ボストン）の編集長C・G・グリーンが「よろしい、同意」の意味の all correct をわざと oll korrect と書いたのが起源といわれている。

世の中には、どう考えても合点が行かないと嘆くことがある。一方で自分も相手も、双方とも承知の上でのことを「合点ずく（尽）」という。互いに折れ合うことである。江戸時代には「合点首」という玩具があった。竹や木で作った串に首を付け、首の後ろの紐を引っ張ると人形の首がうなずく仕掛けになっている。

しのぎを削る

鎬《しのぎ》というのは、刀の刃と背との間の少し小高くなった部分である。切り合うときに鎬が互いに強く擦れて削り合うように感じるから、しのぎを削るとは、激しく争うことをいう。切り合い争うという意味から優劣のつけがたい激しい争いに適用されるようになったのである。『曽我物語』(鎌倉時代)には、「たがひにしのぎをけづりあひ、時をうつしてたたかひける」とある。

優劣の差がつけにくいことはまた「伯仲《はくちゅう》の間《かん》」という。伯仲とは兄と弟のことで、きわめてよく似ていることから、優劣の差がつけにくいという意味になったのである。福沢諭吉『文明論之概略』には、「争闘の起るは必ず其力、伯仲の間に在るものなり」という文章がある。優劣がないこと、力が釣り合っていることを「勢力伯仲」などという。

しのぎを削る、伯仲の間の争いは「互角《ごかく》の勝負」となるだろう。その「互角」とは何か。互角は牛角《ごかく》のことである。牛の角が左右とも長短・大小の違いのないさまから、互いに優劣のないことをいうようになった。『太平記』十七「京都両度軍事《りょうどのいくさのこと》」には「京勢は又勢に乗り、山門方は力を落して、牛角の戦になりにけり」とある。

やはり優劣のつけがたい勝負を「鍔《つば》ぜり合い」ともいう。互いに打ち込んだ刀を鍔で受け止めて、そのまま押し合うことである。鎬といい鍔といい、刀剣や武具についての慣用句は多い。以下にいくつか挙げてみよう。

まず「鞘走《さやばし》りより口走り」は、口の滑るのは危険なことのたとえである。刀が鞘から自然に抜け出る鞘走りは危険なことであるが、それよりも口が滑って不用意なことをいい、禍が身にふりかかる方がもっと危険であるということである。「鞘走り」ということばは室町時代から使用されている。

「小刀に鍔」は、物の不釣り合いなさまである。小さい刀に鍔を付けるのはいかにも不釣り合いだからで、「小刀に金鍔《きんつば》を打ったよう」とか「合口《あいくち》(短刀)に鍔を打ったよう」ともいう。

「鎧袖一触《がいしゅういっしょく》」は、鎧《よろい》の袖をひと振りするだけで敵を打ち破るほど、相手を問題にもしないことの形容である。「横槍を入れる」は側から口出しをすることで、「横矢を入れる」ともいい、両軍が入り乱れて戦っているときに、別の一隊が側面から槍で突きかかるように、また横から矢を射るように、第三者が人の談話に横合いから口を出したり、非難したり出しゃばった行動をすることに、江戸時代から使われている。

持ちこたえられないことを「矢も楯もたまらない」といい、てだてがなくどうすることもできないことを「弓折れ矢尽きる」「刀折れ矢尽きる」という。「弓と弦《つる》」は曲がっているものと真っすぐなもの、「弓と弦ほど違う近道」は回り道と近道のたとえである。「弓と弦ほどの食い違い」は、とんでもない考え違いをいう。

「弓を引く」は弓で矢を射かけることから敵対する、反逆するの意味になり、「弓は袋に太刀は鞘」となれば天下泰平のありさまで、弓を袋に入れ、太刀は鞘に収めて武力をふるうことがないことからである。

「単刀直入」は、ただ一人で敵陣に切り込むことから、前置きなしに本題に入ることをいうようになった。

取り付く島もない

漂流している人が、すがり付く島があたりになくて困った様子から、人から冷淡に扱われて途方に暮れるたとえに「取り付く島もない」といい、頼りにしてすがる手掛かりさえないことから、つっけんどんで相手の立場を顧みないことをもいうようになった。

「島」は、このたとえでも海に浮かぶ陸地という意味で使われているが、かつては村落のことであった。シマの語源はセマイ(狭い)と同系であったらしい。生活共同体、特定の民家群をさしたのである。そういう村落が存在する場所だというので、たまたま、海上に存在する島についても主としていうことばになった。その後でも、陸地で限られた地域を島というところがある。上方《かみがた》ではかつて非官許の遊郭を島といった。暴力団の縄張りも隠語でシマである。沖縄では今も村落をシマといい、島のことはハナリ(「離れ」から)ということばが生きている。

「取り付く島もない」態度と同様な味もそっけもなく無愛想なことを「にべもない」という。ニベ(鰾膠)という魚のうきぶくろ(鰾)から作るニカワは、ほかの原料のものより粘着力が強い。

粘り気があることから転じて、他人に親密感を与えるという意味になり、それがなければ粘り気も愛想もないという、たいそう無愛想なことの形容になる。強めて「にべもしゃしゃりもない」という。シャシャリは口調を良くするために添えたことばであるが、「しゃしゃり出る」という語に基づくものであろう。しゃしゃり出てくるものもないほど無愛想ということか。上方での似た言い回しで、少しの味わいもないということを「味もシャシャリもない」という。

にべもない態度をとるのは「愛想《あいそ》が尽きた」せいかも知れない。好意や愛情がなくなって嫌いになることである。強めた言い方で「愛想もこそも尽きる」ともいう。この場合のコソは先の「にべもしゃしゃりも」と同じく口調の関係で添えたもので、「小想」の漢字を当てることがある。「愛想もこそも尽き果てる」「愛想も興も尽き果てる」ともいう。

愛想をアイソと読むのはアイソウを短く呼んだもの。『日葡辞書』には「ヒトノアイソニユウ」と出ている。人を魅了し引き付けるように話すということである。愛想は本来愛らしい様子という意味であるから、愛相という漢字を当てた方がしっくりしたかも知れない。

それが人あしらいという意味になった。オアイソというのは客へのサービスである。「オアイソに三味線弾いて」といえば「ご愛嬌に」の意味でいっている。のちにオアイソは、料理屋などで用いる勘定書の意味に変化した。サービスに喜んでいた客が勘定書を見ると愛想を尽かす、というところから出た「愛想尽かし」の略で、今では客の方が「勘定してくれ」という意味で「オアイソ」といっている。

取り付く島もなければ「溺れる者は藁をもつかむ」状態になる。非常に困ったことになれば何にでもすがり付くことである。溺れかかった人はワラのように頼りにならないものにまで、すがろうとする。この慣用句は、おそらく西欧から入ったものと思われる。もっとも、西欧では藁の代わりに草の葉だったり、小枝だったり、蛇だったりする。

取り付く島もない状態では、藁をもつかむ思いになるけれども、とうとうアキラメルことにもなろう。「諦める」のもとは、「明らむ」であって、奈良時代には、事情を明らかにするという意味で用いていた。『日葡辞書』にも「マヨイヲアキラムル」とある。それが江戸時代に「道理を明らかにして見極めを付ける」、さらに「断念する」の意味へと変化したのである。

二の句が継げない

驚きあきれて次にいうべきことばが続かないとき、「二《に》の句《く》が継げない」という。このときの二の句とは、雅楽を朗詠するときの用語である。雅楽では詩句を三段に分けて歌うときに、第一段の句を一の句、第二段の句を二の句、第三段を三の句という。それぞれ独唱に続いて合唱(斉唱)が続く。朗詠の際に、第一句の終わりから次の第二句の独唱に続けるときに急に高音になる。高音へと続けて朗詠することは息が切れそうになって非常に難しい。そこで第二の句を続けることが難しいことから、あとの文句が出ないことに「二の句が継げない」というようになった。

雅楽というのは、上品で正しい音楽、俗でない雅な音楽という意味である。奈良時代から、雅楽寮が司り、宮廷・寺社、高級貴族の間で行われた。音楽だけのものを管弦といい、舞を伴うものは舞楽である。宮内庁楽部の演奏や、大阪の四天王寺で四月に行われる聖霊会《しょうりょうえ》などで、実際に接することができる。

「二の句が継げない」のほかにも、雅楽用語から出た日常語がある。たとえば「二の舞い」というのは、人のあとに出て真似をすることである。前の人の犯した失敗を繰り返すことも「二の舞い」というが、この「二の舞い」は舞楽から来ている。壱越調《いちこつちょう》という音律で舞う古楽に案摩《あま》の舞いというものがあるが、そこではまず案摩の面という、長方形の白紙に目鼻を描いた仮面（蔵面《ぞうめん》）を付けた演者による舞いが行われる。それに続いて、案摩の舞いを真似して二人の舞い人が舞うのを二の舞いという。笑い顔の老爺と、腫れただれた顔の面を付けた者との二人による滑稽なしぐさの舞いである。それが、あとから出てきて真似をするという意味になり、さらに、失敗を繰り返すという意味に変わった。

大相撲などでおなじみの千秋楽《せんしゅうらく》も雅楽の曲名に由来する。盤渉調《ばんしき》の雅楽「千秋楽」である。「千秋」とは、千年、あるいは長い年月のことで、後三条天皇（在位一〇六八―七二）の大嘗会《だいじょうえ》（即位後最初の新嘗祭《にいなめさい》の宴）に、監物頼吉《けんもつよりよし》が作った楽という。最終の日という意味で使われるようになったのは、法会の最終日に千秋楽という雅楽が行われたからとも、また、能楽・芝居などの興行の最後の日に雅楽の千秋楽を奏したことからともいわれる。能の「高砂」も「千秋楽」の句とともに舞い納める。

また、ことばの発音がはっきりしないことを「ロレツが回らぬ」というが、ロレツもまた雅楽の音律に関連する語で、ロレツとは、雅楽の呂調と律調に由来する「呂律《りよりつ》」の変化したものである。雅楽では十二音からなる音階の音を、陰・陽の二種に分ける。呂は陰に属する音、律は陽の音をいう。呂律が回らないとは、陰陽の音から音へとうまく移れないということから、舌がうまく回らずことばが不明瞭になることをいうようになった。

しゃれて気が利いているのを「乙《おつ》な味」と表現し、風変わりなさま、異様なさまを「乙にすましている」というが、このときの「乙」もまた、雅楽ではないが日本の音楽の用語からである。三味線などで高い音を甲《かん》という。それよりも一オクターブほど低い音が「乙」である。乙の音の低音の渋みから出て「乙な味」というようになった。

音楽用語だけでなく、楽器も意味を変えて用いられた。例として「三味線」を考えてみよう。「三味線を弾く」というと、相手の話に調子を合わせて応対するという意味になる。さらに、相手を惑わすような本心ではないことをいったり、行動したりすることにもいうようになった。しっくりしない、ぴったりしないことをあらわす形容に「三味線を弾く和尚様」というのもある。

ほくそ笑む

「ほくそ笑《え》む」ということばは鎌倉時代ごろから文献に現れる。そのころ成立したと思われる『源平盛衰記《げんぺいじょうすいき》』にも「文覚《もんがく》ほくそえみて」のようにこの語が出ている。

ホクソというのは北叟《ほくそう》、北に住む老人ということで、「塞翁《さいおう》が馬」の故事で有名な塞翁のこと。

塞翁の故事は、中国、漢代の『淮南子《えなんじ》』に載っている。昔、中国北辺の砦に住んでいた老人が塞翁である。彼の飼っていた馬が逃げてしまったけれども、やがてその馬が立派な馬を連れて帰って来た。ところが、彼の子供がその馬に乗って落ち、足の骨を折る。しかし、そのために体が不自由だというので徴兵にもれ、戦争に行かずにすんだ、という。ここから人の幸福や不幸は次々と変わるもので簡単には決められないという格言「塞翁が馬」が生まれた。「人間万事塞翁が馬」ともいう。ホクソを塞翁と結び付ける説は文安三(一四四六)年に編まれた和漢の故事を解説した『壒囊鈔《あいのうしょう》』に基づく。

塞翁が馬、北叟の馬が幸運をもたらしたとき、してやったりという少しの笑い、控えめの笑いをもらしただろうということからホクソエムという語ができた。エムとは笑顔をすることである。ちなみにワラウは声を出すが、エムは声を出さないものである。北叟の笑いはどうしてもエムでなくてはならないだろう。ワラウが、決して優しい気持ちを伴わない、笑われる相手に対して不快感を与えることになるのに、エムにはそういうことはない。エムは、顔をほころばせる表情に対していうが、ワラウは、声を上げて大笑いすることである。

ワラウには口を開けて「割る」という意識がはたらいたのではあるまいか。割るという語が分化したのかも知れない。花が開いたり木の実がはじけたりするのにもワラウは使われる。髪を結わずにはじけたようになっている童髪《わらわがみ》の童子をワラワというのと同じ語源であろう。エムの方も木の実がはじけたり器物にひびが入ったりすることにもいうので、やはり口の表情に着目してできたことばと考えてよい。

日本の笑いをあらわす形容には擬音語が多く使用される。辛抱しきれないで声をひそめて笑う形容はクスクスである。見下したり照れたりして軽薄な感じで軽く笑うとき、愛想笑いにはヘラヘラという。遠慮もなく大笑いするときはゲラゲラ笑うになる。講談などで聞くカンラカンラという大笑いは、いかにも豪傑が高笑いするさまにふさわしい。古代ギリシア語で高笑いするのをkangkhalāoカンカラオーというが、音声が類似していることはおもしろくても、安易な同源論などに飛びつくのは大きな間違いであるのはいうまでもない。

物事がうまく行ったときの笑いであるホクソエムは、声が出るわけではない。声のない擬態語起源の笑いも多い。ニヤニヤ笑うというときのニヤニヤもそれで、独りでうれしくなって薄笑いを浮かべるときの形容である。ニヤホヤともいう。得意のときに思わず笑みをもらすのがニヤリである。自分の思いどおりのときに浮かべる笑いはニンマリである。ニコニコというと、声を立てないでうれしそうな和やかな表情。うれしそうで素直な感じの笑みはニッコリで、同じ意味のニコリが変化したものである。レオナルド・ダ・ヴィンチの描いたモナ・リザの微笑は有名だが、さてこの笑いを何というか。

おしゃかになる

作り損なう、だめになるというときにいう「おしゃかになる」の語源は、『広辞苑』の説では、地蔵や阿弥陀を造るつもりが、誤って釈迦を鋳《い》てしまったことからという。しかし別の説がある。

その説では「おしゃかになる」ということばは、大正から昭和にかけて、町工場で生まれたといわれている。下町の町工場で金属の溶接をする際に、火力が強すぎてうまく溶接ができなかったときに、職人さんが失敗の原因について「火が強かった」といったのが「しがつよかった」と聞こえ、釈迦誕生の四月八日と結び付けて「シ(四・火)ガツようかだ(強かった)」という洒落《しやれ》に基づいた言い回しだというのである。ここから作り損ないの品物のことをオシャカというようになった。

製品のでき損ないのものをオシャカというのにはもう一説あって、やはりもとは四月八日の釈迦誕生日だが、灌仏会《かんぶつえ》で甘茶をかけたりする誕生仏が裸であることから、勝負事に負けて無一文になるのをオシャカという。さらに、それが一般に不良品の意味で使用されるようになったのだというのがそれである。

釈迦はいうまでもなく「釈迦牟尼仏《しゃかむにぶつ》」の略。「釈迦」は「能力者」の意味の種族名に由来する。牟尼は聖者の意味で、サンスクリット語の音訳である。仏教の開祖、釈迦の名を工場の不良品に使うようになったのは、しゃれを好む庶民にとっては親愛の気持ちの表れでもあった。

先に述べた地蔵や阿弥陀を作るつもりが間違ってお釈迦様になってしまったからという説については、ほかに具体的な事実が見つからないので、四月八日をもじったしゃれ説の方が有力と考えられる。

「おしゃかになる」と同じように物事が失敗することを「おじゃんになる」という。ジャンは半鐘がジャンジャンと鳴ることから来ている。江戸時代には火事があると半鐘を続けてジャンジャンと鳴らし、鎮火のときには二つ打った。昭和の初めごろも火事のときに半鐘を鳴らしていた。半鐘の下がった火の見櫓《やぐら》がまだ残っているところもあるが、高いビルにはさまれてはあまり遠くまで見えないことだろう。火事で焼けてしまって何もかもなくなることから、「おじゃんになる」は失敗の意味で用いるようになった。

おしゃかになったりおじゃんになったりしたときの結果は「元の木阿弥《もくあみ》」。これは、再びもとの状態に戻ることである。織田信長と同時代の大和の郡山の城主であった筒井順昭《じゅんしょう》が二十八歳で病死したとき、その子の順慶《じゅんけい》はまだ一歳であった。順昭は遺言して、三年の間は自らの死去を隠しておくようにと命じた。そこで筒井家の家臣たちは、声が順昭に似ていた南都の僧、木阿弥を順昭の寝所に置き、他国より使者が来ると、順昭が病気で寝ているかのように見せかけた。嗣子の順慶が三歳になったときに初めて喪を発して順昭の死を公にし、同時にそれまで身代わりをつとめた木阿弥はもとの私人に戻った。この故事によってもとのつまらない状態に戻ってしまうことを元の木阿弥というようになった。これなどはそのことばの、歴史上の起源がはっきりしているものの例であろう。

第三章　ことばの広がり、意味の広がり

ことばの変化

ことばは時代や地方によって変化する。ここではそのバリエーションの多さや意味の広がり方に注目してみたい。

たとえば江戸時代から用いられていることばで「引っ張りだこ」といえば、方々から求められ期待されるさまのことだが、これは蛸《たこ》の乾物を作るときに、肢体を引っ張って広げることから来たことばである。一説には、あちらこちらから引き合うさまが凧に似ているからともいう。しかし江戸時代には刑罰の磔《はりつけ》のこともいった。やはりその格好からだろう。それほどたびたび行われたのではないにせよ、そうした刑罰のあった時代、社会では、ヒッパリダコは、連想によって、まったく違う二つの意味を持ったわけである。今はまた社会の変化によって、多くの人に所望されるという意味に落ち着いている。

ことばの意味の展開の仕方には、それぞれの時代性や地方性を背負った独自性がうかがえるのである。

正月(おめでとう・めでたい)

新年のあいさつことばを取り上げてみよう。初春に交わす「新年おめでとう」「明けましておめでとうございます」のあいさつは、いかにも改まった新年のすがすがしいメデタイ感じを与える。

御所ことばを伝承する京都の大聖寺《だいしょうじ》尼門跡では現在も、新年のあいさつが定形的な口上として存続している。大聖寺においては門主である「御前《ごぜん》」への新年のご祝儀申し入れは正装した一老(門主に仕える尼僧の筆頭)によって、元旦の雑煮を祝ったあとで行われる。「新年のご祝儀申し入れます。ご機嫌よう。ご超歳《ちょうさい》遊ばしまして、おめでとう。お慶び申し入れます。旧年中は一方なりませぬご懇命《こんめい》をこうむりましてありがとう。なおまた本年も相変わりませず、よろしゅう願います」とあいさつする。目上に申し上げるときも「おめでとう」「ありがとう」と言い切りなのがおもしろい。庶民はつい「ございます」を付けたくなるのだが。

「おめでとう」のメデタイは「祝うべきである」という意味である。もとは、贈り物をいただいたときに、それを額に押し当ててメデタイといったり、メデトーゴザルといったものである。めでたいは好ましい、結構な、平穏なさまを互いに批評し合う形容詞であった。美しいもの、良いものに心ひかれることも形容した。

そして、めでたいは「愛《め》でる」という動詞から出ている。古語では「愛づ」になる。人や物の美しさ、すばらしさに心が引き付けられる気持ち、美しいもの、かわいらしいものに感心し、深い愛情を抱くことがメデルである。すばらしいものを褒めるのである。メデタイは動詞メヅの連用形メデに「はなはだしい」の意味の形容詞イタシを付けた複合形メデイタシから出ている。

ところで、正月というのは、「正」に年の初め、年が改まるという意味があることからの名である。中国古代の最初の統一帝国皇帝であった秦の始皇帝(名は政《せい》)の誕生の月が一月であるのでこの月を「政月」といい、それを正の字に改めて「正月」と書いたのだという。正を付けるのは、他の月に対して格別の新年の初めを正しくありたいという気持ちの表れでもあろうか。

正月をまた睦月《むつき》という。「むつびづき」「むつびの月」とも呼ぶ。これは、互いに往来して馴れ親しむの意味の「むつび」に基づくとする説もあるが、一方で『大言海』は、稲の実(種籾《もみ》)を初めて水に浸す月なので「実月《むつき》」からの名だとして、このむつまじくするからとの説を批判している。とはいえ、仲良くする気持ちを年の初めに新たにするのが正月であることには違いない。

「正月の三つある時」という言い回しがある。陰暦では閏月《うるうづき》のある年は、正月が二度あることもある。しかし、正月が三回あるときは絶対にない。そこで永久にその時がないという意味をこめてこのようにいう。

正月三が日は、清浄な気持ちでいたいとする気持ちから、ふだんの使用語を避けて、たとえばネズミを「嫁が君」と置き換えるタブーのある地域があちこちに見られる。先の大聖寺尼門跡では、ネズミというと縁起が悪いので、カノヒトといい、また、正月に天狗という語を口にすると祟《たた》りがあるというので、正月の間はモノモノサンと置き換えていっていた。これらを正月ことばと呼ぶ。一種の忌みことばである。では、もしもうっかりして「天狗」といってしまったらどうするか。それを取り消す方法もあったのである。天狗は火に祟るというので「水、水、水」と水を三回いうとよいとのことだ。

年々正月らしさが希薄になってくるこのごろでは、正月ことばというものを知っている人も少なくなった。

暦

日を数えるとき、日本のことばはフツカ(二日)ミカ(三日)のように、上代から「カ」を用いてきた。ケもカの交替形として用い、「朝に日《け》に」(朝にも昼にも)のように、昼間の意味で使った。コヨミ(暦)ということばは、その日を数えることをいう「日読《か》み」から来ている。したがってコヨミのヨミはヨムという動詞からである。ヨムということばは、古代人が文字の恩恵を受ける前からあった。この語の意味するところは、もとは一つ二つと数を数えることであった。たとえば月日を数えることを「月日読む」といったのである。

漢字の「暦」にも、日をそろえて数えるという意味がある。世界の各地、時代によって異なった暦が使われていたのは、周知のとおりである。

暦はカレンダーや日めくりのこともさす。英語の calendar は、ラテン語でローマ暦の「朔《つい》日《たち》」を意味する calendae に基づく語である。ローマでは、毎月の利子を月の初めの朔日に計算したので calendarium「計算簿」の語ができ、それが暦を意味する語にもなったのである。

先に述べたように、読むという動詞は本来は数えるという意味で、それに類する言い方としては現在でも「さばを読む」「数を読む」などを使うが、現在のわれわれが「読む」といえば、ふつう思いつくのは文字を読むこと、それも黙読であろう。しかし文字についてのヨムも、もともとは声を出すことに重点があった。たとえば歌をヨム（読む・詠む）というのは、本来、一字ずつ高らかに唱えることであり、それが詩歌を作るという意味にもなった。

お経を読む場合には、内容の理解を差し置いて、文字だけを声に出して読む、いわゆる空読《そらよ》みが多かった。「門前の小僧習わぬ経を読む」ということわざがある。門前にいて常に読経を聞いていれば、知らず知らずのうちに、小僧は経を学び覚えるようになるとの意である。この門前の小僧が経を習い覚える方法は、空読みを中心にした習得方法であったに違いない。

古代ギリシアでも暗誦は重要で、子供たちはホメーロスの叙事詩を繰り返して聞き、あるいは何回も読んで覚えたという。「今でも私はすべての『イリアス』『オデュッセイア』をそらんじていうことができる」と誇らしげに語る人物を、紀元前四世紀のクセノフォンが『饗宴』に登場させている。

ヨムという語に基づいて、沖縄ではスズメのことをヨモドリという。さえずるさまを「読む鳥」とみたのである。「門前の小僧……」と同じような意味で、「勧学院のスズメは蒙求《もうぎゅう》をさえずる」ということわざもある。勧学院というのは平安時代に藤原冬嗣が創立した藤原一門の教育機関であった。『蒙求』は中国の史書で初等教科書として用いたもの。勧学院の軒下にいるスズメは、学生が『蒙求』を読むのを聞いて習い覚え、それをさえずるということである。

「本を読む」というとき、あるいは「論語読みの論語知らず」などと格言を引用しながら人の知ったかぶりを諭すとき、昔の人は当然のように声を出して読むことを思い浮かべていたことになる。最近は音読の効用も見直す動きが出てきているので、「読む」の意味合いもまた変わってくるかも知れない。

明日・あさって・しあさって

かつて一日の始まりは、日の出ではなかった。深夜の十二時でもなかった。一日は前日の夕暮れから始まった。一日は、夜から昼への順序になっていたのである。そのように夜を中心にした時の区分では、ユウベが一日の始まりであった。暗い時間に先立つユウベが、一昼夜の初めであった証拠に、前日の晩、つまり昨夜のことをユウベという。ヨンベという地方もある。

ユウベに対する語はアシタであった。奈良時代にはアシタは朝のことで、暗い時間を越えた時をいった。ユウベが一日の始まりで、ヨイ・ヨナカ・アカトキと続いてアシタで終わった。夜が終わって明るくなるときがアシタであった。『万葉集』(巻十二、三〇三八)では「かく恋ひむものと知りせば　夕べ置きて　あしたは消《き》ゆる　露ならましを」と、夕べとあしたを対比して歌っているが、このアシタは朝のことである。アサ(朝)はユフ(夕)に対する語で、「朝風」「朝帰り」のような複合語を作る。アシタはユウベに対する語であって、単独に使用されることが多い。

今日の次の日は明日《あした》である。アシタは夜に何か事があったその次の朝、翌朝の意味にもなり、妻問い婚がふつうであった平安時代には、「夫が宿泊していった翌朝」の意味で用いられた。それより以前すでに奈良時代には、夜が明けたその先に重点が置かれるようになっており、明日の意味のアシタに変化した使い方が見られる。

アシタが明日の意味に変わってから、明後日のことをアサッテというようになった。アサッテは「明日去りてのち」の意味で、平安時代にはアサテといった。室町時代のことばを収録した『日葡辞書』にはアサッテの形で記載されている。

東京中央部や西日本では明明後日はシアサッテである。今日・明日・明後日と数えて四番目の日に当たるから「四アサッテ」と呼ぶ。沖縄ではしあさってのことをユッカ(四日)というところがある。富山・岐阜・三重ではサーサッテ・ササッテというが、これはサアサッテから来ている。「サ」は「さ来年」「さ来週」のサと同じく「次の」を意味する。漢字では「再来週」などと書くが、再は当て字である。

ところが、シアサッテというと明明明後日をさす地域がある。東日本つまり関東一帯・東北では、明明後日をヤノアサッテ・ヤナサッテ・ヤネアサッテのようにいい、その次の日がシアサッテである。明日から数えて四日目、明後日の翌翌日だからシアサッテといったのである。

この場合はアシタ・アサッテ・ヤノアサッテ・シアサッテの順になる。シアサッテを明明後日と思っている西日本の人が東日本の人との約束事に「しあさって」を使用するときには注意がいる。「しあさっての正午にAホテルで待つ」などと約束して明明後日に待っていても、明明後日をしあさってと思っている相手は現れない。

しあさってを明明後日の意味で使用する西日本では、しあさっての翌日をゴアサッテという。「五アサッテ」と考えたからである。同じく明明後日がしあさってである東京の中央部では、その翌日をヤノアサッテといった。アシタ・アサッテ・シアサッテ・ヤノアサッテの順である。東京では関西方言の影響で明明後日をシアサッテとしたのであろう。

ヤノアサッテを『広辞苑』は「弥のあさって」に由来すると解している。「弥」は数が多いの意。宮城県に分布するヤノヤノアサッテは、東日本のやのあさって(明明後日)にヤノをさらに付加した明明明後日をあらわす形である。

朝っぱら

朝の早い時間のことを朝っぱらといい、「朝っぱらから縁起でもない」のようにいう。朝っぱらのもとはアサハラ(朝腹)といい、朝食前のすきっ腹、空腹という意味であった。室町時代のことばを収めた『日葡辞書』には、アサハラは「朝何も食べないでいる人の胃」として出ている。『天草本伊曾保物語』(文禄二〔一五九三〕年成立)にも「あさはらのことなれば、吐却《ときやく》すれども、痰《たん》よりほかは別に吐きだされなんだ」と記されている。吐却は吐き出すの意。

きわめて容易なこと、朝飯前の意味では江戸時代から使用した。「朝っぱらの茶づけ」というが、これは朝の空腹時に茶づけは容易に食べられるので、物事の容易なことをいうたとえになった。「朝腹の丸薬」ということわざもある。空腹のときに丸薬を飲んでも腹が満たされるわけではないので、腹の足しにもならないという意味で使う。

室町時代の発音ではアサファラだった。それがアサハラ、アサッパラと変化して、意味も朝早い時刻のことをいうように転じた。『俚言集覧』には、「早朝」の意味で出ている。

アサハラがアサッパラとなったように、スキハラ（空腹）はスキッパラに変わった。むかむかと腹を立てることをいう「向かっ腹」は、ムカバラ（向腹）からである。このムカは擬態語のムカムカから来たことばで「向」は当て字。

朝腹が空腹という意味から早朝の意味に、さらに朝飯前、容易であるという意味へと変わったように、腹を含む複合語は多方面にその意味を展開させた。身体部位を示す太鼓腹（太鼓の胴のようにふくれた腹）、下腹をはじめ、女性の場合子供が宿るところでもあるので皇后から生まれたことや人を后腹《きさいばら》（「きさきばら」とも）、妾《めかけ》のところに生まれれば妾腹のように、出生に関することばを含めていろいろなことばが生まれている。

身のほどを知らない相手を笑いとばすときに「片腹痛い」という。片腹は脇腹のことであるが、この場合は、もともと傍《かたはら》痛いといっていた。そばで見ていても居たたまれないというような意味である。そのカタハラを、片腹と間違ったのであった。

追腹《おいばら》は臣下が主君のあとを追って切腹することで、先腹《さきばら》は主君に先だって切腹することである。老人の腹は「皺腹《しわばら》」で、それを切って切腹することも皺腹といった。また無念のあまりに腹を切るのは無念腹という。

腹に関する慣用句は多い。さかさま、あべこべの意味でウラハラ（裏腹）というが、これは背と腹のこと。すなわち裏と表くらい違うことである。「腹が太い」は度量の大きいことで、昔の人は腹には本心が宿ると考えていたから、腹は、心・考えの意味にもなった。そこで意気投合するのを「腹が合う」、思慮分別に乏しいことを「腹がない」、人の心を大いに痛め悩ませるのを「腹をえぐる」、怒りの気持ちがおさまるのを「腹が癒《い》える」、覚悟を決めるのを「腹をくくる」などの言い方が生まれた。「腹の皮を縒《よじ》る」はおかしくて笑い転げることである。

「腹鼓《はらつづみ》を打つ」は、満腹して楽しみ喜ぶ形容である。満腹した狸が腹をたたいて鼓の音をまねるという「狸の腹鼓」がもっぱら有名だが、もともとは中国の伝説上の帝尭《ぎょう》の徳を称え、その太平の治世に満足した民は腹鼓を打ち地面をたたいて歌った(「鼓腹撃壌《こふくげきじょう》」という成句がある)という故事による。

たそがれ

夕方をあらわす名称には、明暗のはっきりしないという意味を持つ語がある。日の暮れ時、薄暗くて、誰か彼かの区別がつきにくいとき、「誰《た》そ彼《かれ》」と問うところからタソガレということばが生まれた。タソガレのタソは「誰ぞ」の意味であり「誰か」ということである。カレは「あの人」。タソカレは「誰かあの人は」の意味となる。上代から室町時代ごろまではタソカレと清音でいうのがふつうであった。『万葉集』（巻十、二二四〇）には、「たそかれと　我をな問ひそ　九月《ながづき》の　露にぬれつつ　君待つ吾を」とある。また『源氏物語』夕顔巻には、「寄りてこそそれかとも見め　たそかれに　ほのぼの見つる花の夕顔」とあるが、これは誰とも知れぬ薄幸な運命の女性との出会いを、夕闇にかすかに浮かぶ白い花で象徴する歌といってよい。

夕暮れをまたカワタレともいう。これも「彼《か》は誰《たれ》」に由来する。日の暮れ時に、薄暗くて、誰彼の区別がつきにくいので、「あの人は誰」と問うのである。カワタレはもとは、夕方にも明け方にもいったが、しだいに明け方をいうことが多くなった。明けの明星をカワタレボシという。したがって明け方をカワタレドキともいう。夜明けのほんのりと白みかけたころで、人の姿は見えるが薄暗くて誰と識別できにくいころ、すなわち「彼は誰時」という意味になる。『万葉集』(巻二十、四三八四)には「暁《あかとき》の　かはたれどきに　島蔭《しまかぎ》を　漕ぎにし舟の　たづき知らずも」とある。

たそがれ、夕暮れは地方によって、さまざまに表現される。夕暮れを、尾張ではウソウソといったのも、嘘つきの「嘘」ではなく、不分明なさまを形容したものである。ウソが偽りという意味になる前は、落ち着かないで不安で、はっきりしない胡散くさい気持ちをあらわしていた。

長野県東筑摩郡でメソメソドキ、静岡県庵原《いはら》郡でメソメソグレ、愛知県北設楽郡でメソメソジブンのようにいい、やはりこれもはっきりしない心理をあらわすことばが夕方の意味の名称になったものである。新潟県では、日暮れの様子をシケシケスルというところがあるが、シケシケはしげしげと人を見るときのシケシケであり、確認を求める気持ちの表れである。また、三重・和歌山でマジミ、山梨でマジマジドキというのも、まじまじと人を見る日没のころだからである。

薄暗い夕暮れの、見るものを弁別しにくいときの感覚から、「夕まぐれ」という語ができた。

マグレは「紛れる」ということである。対馬北部では、夕方をマグレヒグレという。

九州では夕暮れをイチノクレ・イチノクラガリ、金沢ではタチアイというのは、市の立つときの出会いという意味がある。ふだん会わない人に会うのは市の立つときである。そこで、市の立つときの出会いということばを、人に気を許すことのできない夕暮れの形容に用いたのであった。

タソガレから、「夕暮れになる」の意味で使うタソガレルという動詞ができた。たそがれを含む複合語もできた。たそがれ時の物思わしげな顔付きをさして「黄昏顔《たそがれ》」という。黄昏藤はたそがれ時にひとしお趣が感じられるというので、そのときの藤の花である。また、ほととぎすの異名の一つとして宵に鳴くということから「黄昏鳥」がある。ヨイ(宵)とは、夕暮れから夜中までをいう。

飲んだくれ

酒ばかり飲んでいる人を飲んだくれという。飲んでタクレ(愚か)になるという意味である。タクレとかタクラということばは、古語のタブル(狂う)と同じ語源から来ている。本来タクラという語は他人のすることを真似して、しくじっては笑われる愚か者のことである。真似をするとは、他人と比較することでもあるので、タクラブ(比べる)が起源かも知れない。タクラウ火といえば、二つの火が競うように見えることである。

ヨッタクレ、ヨタクレは、飲んだくれと同じく酔ってたくれとなるという意味のほかに、悪者、横着者のこともさす。手のつけられない腕白のことをいうゴンタクレも、タクレを含んでいる。また、取るに足りないと思うものを強調していうときに、ヘッタクレという。「家名もへったくれもない」のように「……も……も」と重ねていい、下に否定の語を添える。このヘッタクレのヘッというのは、屁の意味で、「屁とも思わない」「屁の河童」という使い方と同じくつまらない物のたとえである。へにタクレを加えたのだから、二重におとしめていることになろう。

酔っ払うと千鳥足《ちどりあし》になる。千鳥足というのは、酔っ払いが、あっちへ行ったりこっちへ移動したりするさまを千鳥の足取りに見立てて名付けたものである。千鳥が左右に脚を踏み違えて歩くので、よろよろしたさまに見えるからであろう。「酔歩《すいほ》蹣跚《まんさん》」という四字熟語がある。酔歩は酔っ払った足取りであり、蹣跚はよろけて歩くさまである。酔っ払っておぼつかないさまで歩くことをいう。千鳥足のことである。

「千鳥足」は馬の足並みのことにもいう。連なって行く馬の足並みが、千鳥の並んで飛ぶ姿に似ていることから、また別の説では、馬の足並みの音が飛ぶ千鳥の羽の音に似ているというところからの名であるという。この意味での千鳥足は、酔っ払いとは直接の関係はない。

千鳥足どころではなく、ひどく酔っ払って手がつけられないのを「虎になる」という。張り子の虎のように首を左右に振り、酔って暴れるところが猛獣に似ているので「虎になる」というようになったといわれる。天保十二(一八四一)年の『新撰大阪詞《ことば》大全』にすでに「とらとは酒のなまゑひのこと」とある。「なまゑひ(生酔い)」は泥酔(者)のこと。梅にウグイス、竹に虎といえば日本画の図柄でお決まりの取り合わせだが、酒の異名を竹葉というので、竹に虎、すなわち酒に酔っ払いも取り合わせなのかも知れない。もとは竹葉は中国の銘酒の名であり、酒をササというのも竹葉に基づくと考えられる。ちなみに御所ことばでは、酒をクコン（九献）・オッコンというほか、ササともいった。

虎になると管《くだ》を巻《ま》く。くどくどとらちもない不平を取りとめもなく繰り返すことである。管（筝とも書く）というのは織機の糸を巻き付けておく部品のことで、繰り返して糸を巻く作業を管巻といったことから酔っ払いが何回も同じことを繰り返していうこともクダヲマクというようになった。『広辞苑』は筝を巻くときにぶうぶうと音を立てることから、としている。

「酔いどれ」のドレは「どら息子」のドラと同じように、だらしないことである。「どれ」だけでも酔狂人の意味で使う。酔狂とか酔漢の語は印象のよくない漢語であるが、「駆けつけ三杯」の慣用句も薦められたものではない。酒席に遅れた客に続けて三杯の酒を飲ませることだが、「遅れ三杯」ともいう。俗習であるが、健康のためにも感心できない。

めだか

全国的に見て、めだかをあらわす方言は非常に多い。淡水にすむこの小さい魚は体のわりには目が大きい。目の色も濃い。目が飛び出している。昔の人は、その特徴をとらえて目高と名付けたのであった。鑑識力の優れている人を目高ともいうから悪い名前ではない。

鹿児島でめだかをタカマメ(高豆)というのは、めだかが小さくて目が高く飛び出していることから。京都ではコメンジャコというが、これは、小さい目の雑魚《ざこ》ということである。洛北の大原ではコビンチョという。各地でメメンジャコ、メザコ、メメザコというのも同じ命名法で、神奈川県・静岡県に多い。京都府綾部でメメシャゴ、丹後でメタゴという。いかにも、めだかは小さいわりには目が特徴的である。

西日本に多いメンパチ、メッパチは、やはり目がぱっちりしているさまからで、愛知県などでいうネンパチはその訛りである。東北から越後にかけては、ウルミ、ウルメという方言が見られる。秋田県ではウルミゴという。動詞ウルム(潤む)と関係がありそうだが、これらの語の由来はよくわからない。

岐阜・愛知・三重・滋賀・京都・和歌山の各府県で、ウキス、ウキンタ、オキンタというのは、めだかが群れをなして水面に「浮く」さまを見て名付けたものである。昔の子供は、めだかの習性をよく観察していた。めだかは時々は浮くのである。

宗教上の行為に関連した命名もあった。幕末・明治期の『和訓栞《わくんのしおり》』によると、めだかを北国でカネタタキと呼んだという。群をなして泳ぐ姿から、鉦をたたいて群衆が念仏を唱える行動を連想してのことである。北陸ではカンタ・カンタタなどという。

やはり念仏に関係して、めだかをネンブツ・ネンブツウオというのも、鎌倉・室町時代の群衆念仏の行動からの類推に基づいている。とすると、めだかを宮崎県・熊本県ではゾーナメというう、そのゾーは、「僧」という意味ではなかろうか。

このように、めだかは多様な方言形を示す。これだけたくさんの呼び名があることでわかるように、かつてはめだかはどこにでもいて、子供たちにはなじみであった。昨今は環境の悪化で、自然のめだかの姿を見ることがほとんどできなくなった、と報道されている。とりわけ都会の子供には縁がうすいものになった。「めだかの学校」などという歌も、群をなして泳ぐさまを見たことがなければ、何のことやらわかるまい。

ことわざには「めだかも魚《とと》のうち」という。どんなにつまらないことでも員数の一つにはなるという意味である。世の中には、一見、取るに足りないこととして、顧みられないようなことでも、人生の支えになったり、時には生活の知恵に結び付くことがあるものだ。

そういえばしばらく前になるが、「めだかの兄弟は川の中」という歌が流行ったことがある。覚えやすいメロディだった。鯉や鯨になろうと高望みしても「大きくなってもめだかはめだか」と歌われていて、少々ほろ苦いところもあるのが時代を感じさせたものである。

鳥あれこれ

身のまわりでよく見かける小鳥の名は、地方によって異なるものが多いが、同時に古語の面影をよく残していることがある。代表的なものをここでいくつか見ておこう。

シジュウカラは四十雀と書くが、これは当て字である。雀よりも小さいこの鳥が「シジュー」と鳴くと聞いた先人の命名である。四十雀はシジューと鳴くカラということになる。カラやクラは、小鳥をあらわす総称として、いろいろな小鳥の名前の構成要素となっている。ヤマガラ(山雀)のガラ、ツバクロ(燕)のクロとも同系のことばである。

ツバメ(燕)はツバクロ、ツバクラともいい、各地の方言ではクバクラ、スバクラ、スバクロ、チェバクラ、ツンバクロなどというから、ツバとかスバは燕の鳴き声に基づくものであろう。ツバメという名も、ツバは鳴き声からで、メはスズメのメと同じように小鳥の名に付ける接尾語である。「のど赤き玄鳥《つばくらめ》ふたつ屋梁《はり》にいて……」と歌ったのは、山形出身の歌人斎藤茂吉だが、これは古語を使ったもの。

スズメ(雀)という語は、先に述べたようにもとは小鳥の総称であった。小鳥の籠をスズメカゴというではないか。これは雀を入れて飼う籠ではない。「雀」の字をカラとか、ガラと読ませるのは、雀すなわち小鳥の古名がクラであったからである。沖縄の昔話には、雀はクルクルと鳴いたとあり、カラもクルも鳴き声に由来する語である。また、雀をイタクラという方言がある。三重県から奈良県吉野、和歌山県や徳島県の方言に残る。口寄せをするミコ(巫女)をイタカ、イタコというように、よくしゃべるクラ(小鳥)ということである。雀と小鳥は同じものと意識されたり、小鳥の一種としての雀が意識されたり、重なり合って使われてきたのであろう。

雀の声は、今ではスズとは聞こえにくいが、古代人の感覚では、スズメも小鳥の鳴き声の形容にふさわしい命名だったものらしい。

どこでも見かける雀には、派生することばも多い。たとえば「雀色」は、スズメの羽の色のような茶褐色をいう。また、夕暮れ時をスズメイロドキという。「雀百まで踊りを忘れず」ということわざもある。「幼時の習慣は年とっても抜け切らない」ということである。「舌切り雀」の昔話は、今でも親しまれているようだ。

ヒバリ(雲雀)という名は、『大言海』ではヒハル(日晴)に由来するとの説を採っている。空が晴れると、天をさして飛んで昇るからであるという。鹿児島県ではショクリ・ショクレというところがある。「ショ」は鳴き声に基づく。クリ・クレは先のクラと同じく小鳥のことである。ヒバリの鳴き声にも上手下手があるらしい。空に上がるとき、降りるとき、横に飛ぶときによって、それぞれ鳴き方を変え、高さによって違った節回しを持つ声調巧みなヒバリがいる。上がるときのヒバリの鳴き声を、昔の人は「天まで昇ろう天まで昇ろう」と聞き、巣へ向かって降りてくる声を「降りよう降りよう降りよう」と聞いた。一方、畠の中にいながら、空を飛ぶときの声で鳴いてみたり、いつも同じ調子で鳴く下手なヒバリもいる。持って生まれた天分の差が、ヒバリの世界にもあるらしい。どうしてもうまく鳴けないヒバリもいる。

ハト(鳩)は、ポッポッポと鳴くと童謡に歌われてきた。しかし、ハトポッポというのは山鳩で、寺や神社にいるハトはクウクウとしか鳴かない。ハトという名は、飛び立つ際の羽の音から名付けたものであろう。

蝶・とんぼ

分不相応なものが混ざっていることを揶揄して、「(それなら)ちょうちょ・とんぼも鳥のうち」などということがある。鳥の話のあとに、蝶ととんぼで虫を代表させておく。

蝶は中国語からの借用語であるが、日本では一音節でチョウと呼ぶよりもチョウチョウのように重ねていうことが多い。特に近畿以西にチョウチョ(ウ)の形が広まり、四国ではチョチョといい、九州ではチュチュと短くいう地域がある。かつて、文字ではテフテフと書いたけれども、現実にテフと発音した地域があったかどうかは疑わしい。東北や関東のチョウマ、チョッパ、チョチョバコなどは、チョウから派生した形である。

青森県では蝶をテガラとかテンガラというところがある。古くは江戸時代の方言辞書『物類称呼』二(安永四(一七七五)年刊)には蝶をテコナというとある。これらは、一見するとまったく別の語に思える、ヒヒルという語を基にしている。ヒヒルというのは蛹《さなぎ》や繭《まゆ》の古名であった。蝶を「空高く飛ぶヒヒル」という意味でタカヒヒルといったのが、タカヒル、タカエロのように変化し、さらにテケナ、テコナ、テビラコ、テンガラコ、テゴナなどと大きく変わってしまったのだということが、各地の方言形を比較することによってわかる。

『万葉集』に記される伝説の美女の名「真間《まま》の手児名《てごな》」のテゴナも、蝶にちなむ名であろう。テゴナは多くの男性に求婚され、思い余って投身自殺したという。「蝶々さん」というところだろうか。同名の歌劇の女主人公といい、薄幸な女性のイメージを蝶に重ねるのは、洋の東西を問わないのかも知れない。

また蝶は、少女の髪形の名になって蝶々髷《まげ》といい、丸髷の根元に付ける装飾用の布《きれ》をテガラというのも蝶の呼び名の一つから来ている。

もう一つのとんぼの方は、秋空をすいすいと飛び回る印象から、「飛ぶ」ということばが語源であると連想をつけやすい。しかしそうではないのである。

もとはダンブリ、あるいはそれに近い音であった。これはこの虫が、高い空中からまっすぐに下へ向かって飛び降りる姿から来たものである。その飛び方をダンブリと形容し、それがツブリ、トブリとなって、いつしかトンボというようになった。

空中を自在に飛び回るとんぼが、急に後ろへ身を翻したりすることがある。そこから、空中へ飛びあがって体を回転させることをトンボガエリという。この遊びをドンブリガエリ、サカドンブリという地方もあるが、このドンブリもとんぼそのものをさすのかも知れない。

古代人はとんぼをアキヅと呼んでいた。東北では今でもアキズ・アケズという。鹿児島のアケシ・アケソ、沖縄のアケーズ・アケージュなどとともにこのアケズ系の語は、日本の南北に残っている。『古事記』に「そらみつやまとの国をあきづしまとふ」とあるように、古くは日本をアキヅシマ(秋津洲、蜻蛉洲)といった。

九州各地では、とんぼはエンバ、ヤンバ、エンマなどという。やんまは大形のトンボだけでなく、小さいとんぼをさすところもある。

茨城・栃木ではとんぼはゲンザ・ゲンゾと呼ばれる。これは験者《げんじゃ》(修験道の修行者、山伏)から来たことばで、とんぼを山伏に見立てたものである。すばやく飛び回るさまが山野を駆け廻って修行する山伏を思わせたものか、また、とんぼの大きな目玉に何か霊力を感じて恐れたものか、であろう。

虹

語源の研究にとって方言の比較は重要な意味がある。日本語という言語について、ほかの言語との親族関係を立証することは困難であるが、日本語内部の方言を比較することによって、ある程度まで語の形態と意味の再構成は不可能ではない。「山」や「海」の語源はわかりにくいけれども、「虹」のような自然現象の名は幸いにも各地の方言に伝えられているので、比較には有利である。

全国の方言を見ると、虹はさまざまの語形を取って現れることがわかる。『日本言語地図』二五九図(一九七五年)には、ヌジ(沖縄・千葉・東北)、ヌージ(主として沖縄)、ノジ(青森)、ノージ(沖縄)、ノズ(岩手・山形)、ノーズ(岩手)、ノンジ(北海道南部・青森・秋田・山形)、ネジ(岐阜・愛知・新潟)、ニジ(近畿・関東)、ニージ(九州に散在)、ミョージ(北陸・山陰・九州北部・四国)、ミュージ(兵庫・広島・高知・長崎)、メージ(能登)、ビュージ、ビョージ(広島・出雲)、リューシ、リュージ(九州)、ニシ(九州南部)、ジュージ(九州南部)などが挙げられている。沖縄方言だけでもヌージ、ノージのほか、ヌージリ、ノーギ、ノーギリがあり、八重山群島ではモーキ、モーギ、ムージがある。

　これらの諸方言を比較してみると、偶然とは思われない語形の一致が認められることがわかるだろう。ニジに対するヌジ・ネジ・ノジなどはnの音を含んでいて、同系の語であることは容易に察せられる。ミョージ・ミュージ・メージのようにmの音の語についてもmとnの音の近さを考えればニジと親縁であることがわかる。多くの語形は、子音や母音の変異によって生じたものと考えられる。

　自然現象を示す「虹」をあらわす語は、文献以前からあったと考えられるが、それらが各地で語形を変えてそのまま保存されてきたのは、日本語の歴史を考えるのに役に立つ事例である。さかのぼってみると、『万葉集』の虹はヌジで、「伊香保ろの　八尺《やさか》の堰《いで》に　たつ弩自《ぬじ》の　顕《あらは》ろまでも　さ寝《ね》をさ寝てば」(巻十四、三四一四)とある。『日本霊異記《りょういき》』は平安時代初期の仏教説話集であるが、そこにはすでに「ニジ」という語形で使われている。

　一方、虹ということばを意味の方から考えてみると、ニジは南西諸島では青大将のことをいうし、天草では虹をガゴジといい、鬼や化け物の意味のガゴジと同形になっている。また、幾つかの地方で青大将や縞蛇という意味のナブサを虹の意味でも用いることから、虹は古代人の意識では恐ろしい霊物と見られていたことが推察できる。形態と意味の両方から、柳田国男の「虹の語音変化など」(一九三〇年)に見られるように、虹の語源を池や沼にすむ魔物のヌシ(主)と同源とすることは妥当と思われる。

しかし、ニジの語源意識は早くから薄れていた。江戸時代の『物類称呼』には「尾張の土人鍋づるといふ」とあるのを見ても、早くからニジという語は記号化してしまって語源がわからなくなり、「鍋づる」をはじめとする新しい語も生まれたということがわかる。

虹という名とウナギという語には共通性がある。ウナギのナギ、アナゴのナゴは、虹の各地方言と音が類似しているのである。虹を東北でヌジ・ノジといい、沖縄ではヌージ・ノージ・ノーギなどとなるが、これらは皆、ウナギの語形に近い。沖縄でウナギをウナジという方言もある。人はその意外性に驚くかも知れないし、案外納得するかも知れないという気がする。

漢字の「虹」は、虹の曲がっている形を虫と見たもので、古代中国人の意識を反映している。虫といっても彼らは竜の一種、蛇のようなものを考えていたのである。

とうもろこし

トウモロコシの名は、この作物が外来であることを示す。赤い毛を先に付け、うす緑色の皮に包まれたとうもろこし(玉蜀黍)は十六世紀に渡来した。「唐」も「諸越《もろこし》」も中国からの伝来のもの、新しく伝わったものに付けられた。在来の作物で比較的似ているところのある黍《きび》の一種と見なした、唐もろこし黍の略である。トウモロコシの名称は、もとは東京付近に限られた語で、次に触れるトウキビやナンバよりも使用の領域は狭かった。

とうもろこしをトウキビという地域は広い。九州、四国、北陸、静岡、東北などでいう。この作物が栽培されたころ、「黍」を知っていた農家の人は、新しいものに「唐」を付ける習慣からトウキビと名付けたのであろう。トウキミ、トウギミなどの名も「唐」の「黍」という語に基づいた言い方である。

京都や大阪ではとうもろこしをナンバという。これは南蛮渡来ということから来たもので、やはり新来のものを南蛮からと見なした意識を反映している。ナンバン、ナンバ(ン)キビ、ナンバントウキビ、ナンバトウという地方もある。一方、名古屋や福井などではコウライという。コウライは高麗黍から来ている。やはり高麗、つまり外から新しく来たものという意識がはたらいているのであろう。

また、トウワ、トナワという地方もある。唐粟《とうあわ》という意味で、飛騨の高山から美濃・近江・越中の各地にある言い方である。黍をあまり作らなかった土地にこの名がある。やはりあまり黍を作らなかったところで、滋賀県の一部ではハチボクというが、その語源は「八」と「木」を組み合わせた「米」の字に基づいているようだ。米の代用という意味で名付けたのかも知れない。

とうもろこしをトナワという地域の東隣、木曾川・天竜川・犀川の小区域には、フクロ(袋)キビ・ツト(苞)キビ・サトキビ・トウマメ・サトウマメ・マメキビのような珍しい語形がある。一方、東北の北部にはキミという語形がある。また播州・但馬でもトウキビといわないでキビという。これも、本来の黍が栽培されなかった地域だからであろう。

さて、京都・大阪の例に見る「ナンバン渡来」という意識は、ほかの食物にも及んでいる。そば・うどんの上に鴨の肉・鶏肉とネギを煮てのせた鴨南蛮は誰でも知っているであろう。文政十三(一八三〇)年の序文の付いている『嬉遊笑覧《きゆうしょうらん》』巻十・上には、「葱を入るるを南蛮と云ひ、鴨を加へてかもなんばんと呼ぶ。昔より異風なるものを南蛮と云によれり。これ又、しっぽくの変じたるなり」とある。かつてはネギもナンバンだったようだ。『俚言集覧』にも「なんば大坂にてねぎのこと」とある。

南蛮は、もと古代中国では周囲の異族をさす蔑称であった。我が国では戦国時代から、ルソン・ジャワなどの東南アジア方面をいい、そこを足がかりに日本にやって来たポルトガル・スペインのような国のこともさした。これまでに挙げたトウモロコシの異名のほかに、ナンバンアズキ(唐小豆)、ナンバンガキ(いちじく)などナンバンを付けた呼称がある。

トウガラシ(唐辛子)は江戸時代の慶長年間に渡来し、カラシ(芥子)を知っていた地方では、外来を示す「唐」を付けて、新種の名にした。トウガラシの異名でナンバンガラシ・ナンバンコショウというほか、ナンバ、ナンバンという地方がある。滋賀県の湖北ではナンバといえばとうもろこしのことではなくとうがらしである。静岡県浜北市などでは、とうがらしもとうもろこしも両方ともナンバンと呼ぶ。同じでは混同するので、浜名湖の北西部ではとうがらしをナンバン、とうもろこしをナンバトウと区別し、またはとうがらしをアカナンバン、とうもろこしをナンバトウと使い分けるところがある。

じゃがいも・さつまいも

ジャガイモは慶長三(一五九八)年にオランダ船がジャカルタ、当時のジャカトラ(日本ではジャガタラ)から伝えたものという。明治になって優良品種を北米から輸入して作物として広く栽培するようになった。ジャガタライモを省略してじゃがいもというようになり、さらに略してオジャガともいう。

地域による異名も多い。滋賀県伊香郡でオランダイモ、静岡県大井川上流でオランドと呼ぶのは外来品と意識しての命名である。東北地方や北関東ではアンプライモといっているが、これはオランダ語でじゃがいもをあらわすaardappel(大地のりんごというような意味)の訛ったものであろう。遠い国から入ってきた芋という感覚から、福島市では九州芋、三重県で朝鮮芋、奈良県で日向芋《ひゅうが》という。カライモは中国・四国では主にさつまいものことであり、東北地方ではじゃがいもの名になっている。

作物としての特性に注目した命名も多い。バレイショ(馬鈴薯)は街道筋の宿駅に備えた駅馬の鈴のように多くの実ができるのでいう。また、春秋二度の収穫があるところからニドイモの名がある。これは京都府の丹後・丹波や南山城村での名である。東北や北陸の一部などでは米の乏しい夏にも採れるのでナツイモという。やはり沢山できるために新潟県で八石芋《はちこく》、京都府の丹後や兵庫県の但馬で八升芋という。秋田県などでゴトイモ、ゴドイモというのは五斗芋の意味である。丹後の伊根ではサンドイモ(三斗芋)という。和歌山県日高郡でアホイモ、茨城県でバカイモというのも多産性にあきれた命名である。やたらにできるので三重県でヤタライモの名がある。砂地にもできるので島根県でスナイモというところがある。

一方のさつまいも、甘藷は江戸時代の初め、中国・琉球を経て九州に伝わった。九州ではカライモ・トウイモのように「唐」の字を付けていう。また、九州ではリュウキュウイモのように「琉球」を付ける。

昭和二十五(一九五〇)年、八学会連合第一回対馬調査が行われ、筆者も日本言語学会のメンバーとして長崎県対馬の方言を調査した。そのとき、コーコーイモ・コーコイモ・コーコモ・ココモという語を採集している。孝行芋という意味である。ところで朝鮮半島では甘薯をコグマという。これは対馬北部の方言形コーコモ・ココモが朝鮮海峡をわたって朝鮮半島に移入され、コグマと訛って使用されるようになったと考えられる。コーコーイモは対馬から北上して行ったことになる。なお、対馬南部の豆酘《つつ》の方言ではトンモ・トンボ(唐芋)であった。

もともと、芋という語はサトイモ・ツクネイモ・ヤマノイモ・ジャガイモ・サツマイモなどの総称である。イモは、俗に野暮ったい人や物をさし、「いも侍」などという。「芋助」は、不器用者にいう。土から掘り出される無骨な形のせいなら気の毒ではあるが、かつて理想の男性は「じゃがいものような人」といった女優さんがいたから、誠実という感じもあることになる。

わたくしごとの思い出につながるが、京都では元旦のお雑煮にカシライモを食べる。里芋の根の大きい部分である。親芋・芋がしらともいう。カシライモには、人の頭に立つ人でありたいとの願いがこめられていた。昔は、父親・男の子には特に大きい芋を雑煮に入れたものである。

へちま

ウリ科の一年生植物で、イトウリ・トウリともいう。熱帯アジアの原産で、江戸時代の初めに渡来して広く栽培された。唐瓜と書かれるが、もともとイトウリ(糸瓜)の上の一文字を略したものである。

トウリのトの字は、いろは歌(いろはにほへとちりぬるを……)の「へ」の字と「ち」の字の間にある。「ヘチの間」ということで、ヘチマになったという。『物類称呼』(安永四〔一七七五〕年刊)などがこの説をとなえている。

へちまの若い実は食用にできるし、熟れてからのへちまの外皮・種子などを取り除いたあとの繊維(「へちまの皮」ともいう)は垢《あか》すりなどに用いる。その繊維を重ねて作った草履《ぞうり》が「糸瓜草履」である。へちまの茎から取った水は、古くから「へちま水」「へちまコロン」として化粧に用い、咳止めの薬としても使われた。

こんなふうになかなか役に立つ植物なのだが、その栽培しやすさが裏目に出たか、ぶらりと下がった大きな実がどこか間の抜けた印象をもたらすせいであろうか、「なごりもへちまもない」のように否定のことばを伴って用いられることが多く、取るに足りないことの例として引かれるようになっている。江戸時代にはまた「へちまな男」のように、気が利かない、野暮なという意味にもなった。「へちま野郎」といえばぶらぶらしているのらくら者をいう。また、醜い女をたとえてへちまといったりもする。

「へちまとも思わず」「へちまの皮」のような言い回しもある。何とも思わない、つまらないものとさえ思わないということである。先の「へちまの皮」はつまらないもののたとえにも使われる。その皮ほどの値打ちもないというのである。『醒睡笑《せいすいしょう》』巻之一には、「へちまの皮とも思はぬとは……何の役にもたたぬ物を、へち馬《ま》の皮とも思はぬ事にいふならん」とある。ほかに、「へちまの皮のだん袋」ということばもある。だんぶくろは駄荷袋のこと。「へちまの根」も、役に立たないもののたとえである。へちまにはまことにお気の毒というほかはない。また、やはりへちまの形からだが、後ろから前まで刻み目を入れない、やや丸みのある細長い形に作った襟の型を「糸瓜襟」という。

へちまと役立たずからの連想になるが、体だけ大きくて役に立たない人を「独活《うど》の大木」という。ウドはウコギ科の多年草で、茎が長くて大きく成長する。若い芽は食用になるが、成長すると高さ二メートルにもなり、食べられない。「独活の大木柱にならぬ」ともいう。人にたとえてもいうし、無用の長物を形容するときにも使う。

ほかにも、何の役にも立たないことをいう慣用句として「絵に描いた餅」がある。絵に描いた餅は食べられないから、実現不可能のことにいう。「絵に描いた餅を食いたがる」とは、無理な希望をたとえたもの。「画餅飢えに充たず」も同じ。

くしゃみ

くしゃみをすることを、上代では「鼻ひる」といった。ヒルは、籾殻《もみがら》を箕《み》に入れて、ふるい飛ばすことである。『枕草子』二八には「はなひて誦文《ずもん》する」とあるが、くしゃみをしたときに呪文を唱えると、災いを免れることができると信じられていた。その呪文からくしゃみという語ができたのである。

クサメとはクソハメ（糞食め）という意味であり、クソクラエというのと同じになる。「糞を食らえ」とは、いかにも汚い罵りのことばであるが、くしゃみをすると早死をするという俗信があって、「糞を食らえ」という呪いのことばは、その罵りの強さでそれを避けることができると考えられたのであろう。

『徒然草』四七には、京の清水寺へ参詣する尼が、自分が乳母として育てた子のために、クサメクサメと、まじないのことばをいいながら歩く話がある。およそを述べると、

ある人が清水へ参詣したときに、年取った尼と道連れになった。尼が道すがら「くさめ

くさめ」といいながら行くので、「尼御前《あまごぜ》、何事をおっしゃっているのですか」と尋ねたけれども、返事もせず、いいやめもしなかった。たびたび問われると腹立たしげに、「くしゃみをしたとき、このようにまじなわなければ死ぬというでしょう。私がお育てした若君が比叡山で稚児《ちご》になっていらっしゃるのですが、今このときにもくしゃみをしておいでかと心配して、こうやってまじないをいっているのです」といった。ありがたい志ではあるものだ。

この文からもクサメが呪いのことばであったことがわかる。

沖縄の首里でも、くしゃみをすると、クソクエー（糞食らえ）という習慣がある。外国でもくしゃみには同じ意味合いがあるようで、くしゃみをした人のそばにいる者が祝福や健康を祈る意味のことばを、英語ではBless you！ドイツ語ではGesundheit！のようにいう。外国の街角でくしゃみをすると、近くの人が小さな声で唱えていたりするので、注意しているとおもしろい。

ほかに、クシャミの語源については、（ハッ）クションという、その音をクサメと聞きなして写したという説や、「休息万命急急如律令《くそくまんみょうきゅうきゅうにょりつりょう》」というまじないのことばからとの説がある。建治元（一二七五）年成立の辞書である『名語記《みょうごき》』には「鼻ひたる時くさめとまじなふ如何。これをば九足八面鬼《くそくはちめんき》ととなふれば、短をうかがう鬼　わが名字をいはれて害をなさず、逃げさるといへる義あり。又、休息万命急急如律令ととなふべきを」とある。しかし、くしゃみの語源を「休息万命急急如律令」からとするのはいかにも学者ぶった俗説で、信頼できない。

「糞食め」と同じような意味合いで、クソを接頭語に用いて、クソ度胸・クソ落ち着き・クソ真面目といい、程度のはなはだしさ、罵倒の意図を示す。接尾語にも用い、ぼろクソ・けったクソ・何クソと、卑しめ罵る。

クシャミを一つすると人に褒められ、二つすると人に笑われ、三つすると人にそしられ、四つすれば風邪をひくなどと俗にいう。

おしきせ

施着《しき》せ・仕着せに「お」の付いた形で、オシキセということが多い。四季施とも書く。『広辞苑』を見ると、江戸時代には、四季施は幕府が「同朋《どうぼう》・右筆《ゆうひつ》・数寄《すき》屋《や》坊主《ぼうず》などの属僚に時服《じふく》を与えること。また、その時服」とある。時服はその時候に合わせて着る衣服。商家では雇い主が盆・暮れなどに四季に合わせて使用人に与えた着物をいう。使用人はその着物を着て藪入《やぶい》り(里帰り)をする習慣があった。

かつて京都の室町や西陣の商家では、使用人に家紋の入った着物を与えた。そこから月の一日・十五日などの紋日《もんび》に一本(一合)の酒を与えることもオシキセといった。「毎晩オシキセ一本だけよばれてます」などと京都ではいう。

やがて「しきせ」に「お」を付けていうことが多くなり、自分の意志とは関係なく、人から押し付けられた仕事のことをいうようになった。今では、押し付けるの「押し」だと思っている人が多いのではないか。一方的に何かを押し付けられたときに、オシツケガマシイと同じにオシキセガマシイという。ガマシイは「晴れがましい」「差し出がましい」のように、「……らしい」を意味する接尾語である。

おしきせがましく無理に物事を推し進めることを「ごり押し」というが、これは「鮴押《ごり》し」からではないかという。ごり(鮴)は川魚の一種だが、ごりを捕まえるには、川底に敷いたムシロに追い込んで、ムシロの上の小石に隠れたところを、ムシロごと持ち上げて捕らえるとのことである。江戸時代の『日本山海名産図会《ずえ》』に、「筵二枚を継ぎて浅瀬に伏せ、小石を多く置き、一方の両方の耳を二人して持あげゐれば、又一人川下より長さ三尺余りの撞木《しゆもく》を以て、川の底をすりて追登る、魚追はれて筵の上の小石に付き隠るを、其儘《そのまま》石ともにあげ採るなり。是を鮴押《ごりおし》と云」とある。その方法が強引なのでいうようになったとも、あるいは、五里《ごり》ぐらい一押しに押すという意味からともいう。

おしきせと似たような、決まり切った形式、型通りのやり方や見方を「紋切り型」と呼ぶ。紋切り型とは、紋形つまり着物などの模様を染めるために切り抜いた型紙のことである。この型紙を使えばすべて同じ模様ができることからこのことばが生まれた。

形式にこだわり、応用や融通の利かないたとえをもう一つ挙げると「杓子定規」がある。杓子は飯や汁を盛るときに使う台所用具の杓子で、当然柄は曲がっている。曲がった杓子の柄を定規にすることはできないのに、無理に定規として使うことからいう。曲がっていようがいまいが、一定の基準を決めたらすべてをそれで処理することである。『毛吹草』二(正保二(一六四五)年刊)には、「しゃくし定木」と「定木」の字を用いている。

これもおしきせや杓子定規のもたらす結果であろうが、優れたものもつまらないものも一緒にごたまぜにして同一に見るのは、「味噌も糞も一緒」である。ことの善悪や優劣を区別しないで、見てくれだけでごたまぜにして処理することからいう。上品な表現ではないが、現実にはそういいたくなることに間々出くわすような気がする。

第四章　匂いと香りはどう違うか

ことばの住み分け

似たことば、区別しにくい言い回しは数多くある。ここではそういうものについて比較してみたい。比較することによってそれらのことばが微妙な差異を持って使い分けられていることがわかる。いわばことばが住み分けられているのである。

たとえば日本語のスムという語は、家に人がスムならば「住む」であるし、鳥が樹に住むならば「棲む」であるというように、同じスムの微妙な差を漢字で表現している。では、水が澄むのはどうだろう。現代語では意味が違っているように見えるが、古代の人の意識では同じスムが使い分けられているという感覚であったのではないか。澄むにも、住むと同じような心が休まるというニュアンスが、どこかに感じられるからである。「どうもすみません」というときのスミマセンには「済む」を使うが、もとは心が澄まない、平静ではないという意味である。また「休む」は「屋住む」からで、家にいて静かにしていることであった。

文字だけでなく、ことばそのものについても、比較という視点を大事にしたい。

「おもしろい」と「おかしい」

オモシロイとオカシイを結んで、オモシロオカシイという言い方が成立したのは江戸時代である。双方で強め合っていかにもおもしろそう、おかしそうではある。この二つの成り立ちを考えてみよう。

オモシロイは今では愉快な、興味深いの意味で用いているが、かつては目の前が明るくなる様子を示し、外形的な風物に対して興趣のあるさまをいった。オモは面であり、したがってオモシロイはオモテ(表面)が明るくなることである。またシロイ(白い)は、色彩の白という意味のほかに明るくてはっきりしていることも意味していた。目立つという意味のシルシと「白し」は同じ語源である。

『万葉集』(巻七、一〇八一)にも「ぬばたまの　夜渡《よ》る月を　おもしろみ　わが居る袖に　露ぞ置きにける」のように詠まれ、風景の美しさを形容している。「夜空を渡る月が美しく楽しいので、じっと月を眺めている私の袖に露が置いた」と月の興趣を「おもしろい」といったのである。

オカシイの方は、古代でも滑稽なさま、笑うべきさまについていった。古いことばで書くときは「をかし」である。ヲカシという形容詞はヲコ(烏滸)という名詞から造られた。奈良時代には愚かではあるが、楽しい微笑をもよおすことをヲコといったのである。

平安時代になってヲカシは、滑稽であるという意味のほか、好ましい感じの心ひかれる思いの形容にも用いるようになり、興味深い、趣がある、風流な、かわいらしい、美しく魅力的なのような多様な意味で使用された。『枕草子』で、賞すべきもの、感嘆すべきさまを「いとをかし」と表現していることはよく知られている。

御所ことばを保存する京都の大聖寺尼門跡では、オカシを「可愛い」の意味で現在も用いている。「小尼が歩いている(のをご覧になって)、オカシオカシとおっしゃった」とは、まだ少女の尼僧を見て「まあ可愛いこと」と話す門跡の様子である。

平安末期の『今昔物語』では、可笑の字をヲカシに当てているから「笑うべき」の意味で使っているとわかる。この「笑うべき」の意のヲカシはのちにオカシの音になり、「変だ、恥ずかしい」の意でも用いるようになった。

「愉快な」「楽しい」の意味でオモシロイが使われる例は、平安時代の作品に見られる。『伊勢物語』九に、「その沢にかきつばたいとおもしろく咲きたり」とあるのはその一つで、杜若《かきつばた》の花は、見る人の気持ちが楽しくなるような咲き方をしているのである。こうした興趣があるという意味からさらに転じた、風変わりな、今でいう「おかしい」の意味のオモシロイは、江戸時代から広まった。おもしろいとおかしいは、このように古代から、その意味を交錯させながら変化してきている。

思うとおりで好ましいの意味のオモシロイが、「おもしろくない」のように主として否定の語を伴って使われて、思うとおりに行かない、望ましくない、つまらないという意味で使われるようになったのは明治以後のことである。

「おもしろい」をしゃれて「おもくろい」という語ができた。たわむれに「面白い」を「面黒い」とひっくり返したもので、「おもしろい」と意味は同じである。『東海道中膝栗毛』の中にも、「面黒い」が使われている。ただし白と黒との対比で、オモクロイは「おもしろくない」「つまらない」の意味にもなった。思いつきとしては、どちらがおもしろいだろうか。

匂いと香り

日本語のニオイもカオリも、もとは嗅覚に関する語ではなかった。

「匂う」は、元来、色が美しく映えるという意味である。ニホフのニは「丹《に》」(赤土・赤色)であるとの意識が、古代人にはあった。したがってニは赤い色のことである。ホは、「秀」、際立つことであった。赤色に、輝くように色付くことが「匂う」だったのである。『万葉集』に「見渡せば　春日の野辺に　霞立ち　咲きにほへるは　桜花かも」(巻十、一八七二)とあるニホフは、桜の花が美しい色に咲き、色付くという意味で用いている。「咲く花のにほふがごとく」といえば、美しい色に輝くことをあらわすのである。

それが転じて、芳香について香りが目立つという意味になった。このときのニホフは、カヲルと同じように、好ましい匂いに限られていた。それが、のちには好ましくない臭いにもいうようになった。現代ではニオウが、よい感じであれば「匂う」と書き、悪いニオウは「臭う」と書いて弁別する。

またニオウは、美しさがあふれ出すような、恩恵が及ぶの意味にも用い、染色の色目を薄くぼかした状態のものや、刀剣の刃のほんのりと見える文様にもいう。「不正がにおう」のように、その雰囲気が感じられるさまにも使うが、これなどは、今では嗅覚の方に引き付けた「(不正の)悪臭がする」という比喩としての意識が強いだろう。

カオルの方は、もとは煙や霧が立ちこめ、漂うことであった。物の気が漂うことから、香気を感じることをいうようになったのである。古語カヲルのカを、「香」と結び付けて、香気を放つの意が原義であると見ることもできようが、煙や霧が立ちこめる意味の方が古いようである。『万葉集』(巻二、一六二)に、「沖つ藻　なみたる波に　潮気のみ　香れる国に」とある。この場合のカヲルは、潮気が立ちこめることを意味している。

また平安時代には、目元など顔立ちのつやつやして美しい形容にカオルを用いた。

このように、もともとはニオイが色についての語であり、カオリが物の気が漂うという意味の語であったとすれば、古代人は匂いをあらわすためにどのような語を持っていたのであろうか。それは、カ(香)という一音節の語であった。カは、主に植物の香りについていった。上代では、梅や橘の香りは称賛された。「梅が香」「花橘の香」は物語や歌に登場する。香りが良い意味のカグワシは、「香《か》・妙《くわ》し」である。

ところが近世になって、カという一音節語では不安定と感じられるようになると、カザという語が造られた。京ことばでは、「この花のカザかいでオミヤス」(この花の香りをかいでごらんなさい)という。また上方では、匂いをカグことをカザムといっている。

日本語のカ・カザに対して、中国から入ってきたコウ(香)という語は、香り、良い匂いの意味で平安時代の文学作品にも使われている。また、コウといえば、香木や香料の意味で用い、邪気を払うものであった。中古からは、芳香をくゆらせ、衣類に焚きしめたりするようになった。香を焚いて、その匂いをかぐ香道、香合わせも行われた。香のかおりをかぐことは「香を聞く」と表現する。

ところで、においには良い匂いと悪い臭いがあると先に述べたが、厭な臭いについてはクサイという語も使う。もとは、クサイは「朽つ」と語源を同じくする。クツもクサイも、もとはともに、汚《けが》れを憎む呪いのことばであった。人をクサスというクサも、腐る意味のクタスに由来する。腐らせることから、人を悪くいう意味になったのであろう。

アホとバカ

『全国アホバカ分布考――はるかなる言葉の旅路』（太田出版、一九九三年）という本がある。著者の松本修氏は朝日放送のプロデューサーで、アホ・バカという二つの語、およびそれに当たるほかのことばは日本全国でどのように使い分けられているかに興味を持った。そしてテレビを通じて広くサンプルを集めた番組作りをし、大きな反響を呼んだ。その経緯をまとめたのがこの本である。短期間に広く各地のことばについて情報を得ることができるのはマスコミならではのことで、この本は語源について考えるための有益な示唆を与えてくれた。

ところで、その本を広げてみると、朝日放送のスタッフが大きい分布図のパネルを引きずって拙宅へ来られたことが記されている。それがアホ・バカ表現のルーツを探って行くにあたっての最初の学習だったとのこと。そのとき、私は分布図を示しながら、アホもバカも文献では鎌倉時代ごろから現れること、それより前にはヲコといったことなどを説明した。ばからしくてみっともないことをオコガマシイ、ばかばかしがることをオコズク、人をだましあざむくことをオコツル、ワカツルといった。いずれもヲコと結ぶ語である。

ヲコの語頭はwの音であったから、そのヲコを大きな口を開けていうと、バカに近くなる。こうしてできたバカという語は、主に関東地方で使われてきた。『広辞苑』にはバカを無知の意味のサンスクリット語moha(慕何)からかとあるが、バカは輸入するまでもなく昔から日本にあったことばだと考えた方がよい。馬鹿は当て字である。

現在でも「今日はバカニ暑い」のように、「非常に」の意味で用いるバカニも、バカに起源を持つ語であるが、同じ意味で、中国・四国地方ではボッコーという副詞を用いる。バカをホッコというのもこれらの地方である。九州で「失敗した」を「ボクだった」というのも、同系の語である。

関西では「アホぬかせ」「アホかいな」のようにアホを口にする。先に述べたようにこのアホも、やはりヲコから出ている。同じ「おろか」という意味で、香川県にはホッコ、三重県にはオホなどの語形があり、これらと比べてみれば、これらとともにアホもバカもヲコに由来することが推測できるだろう。

オロカのオロは、オロソカのオロと同系で、本来は劣った程度を示す形容語であった。オロソカが物の性状を示すのに対して、オロカは思考に限られ、不十分という意味があった。名古屋付近のタワケは、タワケル(戯れる)からで、正常とはいえない行為をさした。佐賀県などのフーケ(馬鹿)は、「コケにする」のコケと関係がある。関東ではコケは愚か者のことである。フーケのフは、「老ける」や「ふぬけ」のフと同じであり、フは心のはたらきを示す古語であった。人がぼんやりして平常心を失うことをフケルと言ったものである。

さて、アホ・バカのルーツのヲコには楽しい微笑をもよおすという意味があったし、賞美のニュアンスがあった。それをより受け継いでいるのはアホの方であると感じるのは、筆者が関西育ちであるゆえだろうか。大阪のアホには、バカのようなはっきりした感じではなく、ぼうっとした暖かみがある。「アホアホいうておまえがアホや」などといわれても腹は立たない。

東京語のバカには女性が甘えていうバカバカのようなバリエーションもあることはあるが、多様な意味を持つアホのニュアンスには遠く及ばない。本当のアホのほかに、アホと思っていない場合にもアホを使う。「あんなこというて、わしもほんまにアホやな」というのを聞けば、そこには自分の愚かさを慰める哀愁が感じられるのである。

曙としののめ

『枕草子』の冒頭にある「春は曙」のアケボノは、夜がほのぼのと明け始めるころである。しだいに物の見分けられるさまを、ホノカに明けると形容した。

東の空が白み始めるころをシノノメ(東雲)というのは、古代住居の明かり取りに用いた窓が、篠竹《しのだけ》を編んで作られていたことによる。篠の目から来たことばである。篠の目からは、夜明けの薄明かりがさし込んだ。イナノメということばもあり、これは稲ワラの窓の明かり取りの網目から、やはり同じ意味であった。

夜が明ける少し前のシノノメ、薄明るくなる時分のアケボノとおよそいうことはできても、では、アケボノとシノノメはどのように違うか。これは難しい。まず、今ではこの二つと同じように使われているアカツキ(暁)という語について述べておかなくてはならない。明け方のやや明るくなった時分をあかつきという。奈良時代にはアカトキといった。明時《あかとき》という意味で、夜明け前のまだ薄暗いときである。夜中に続く部分という意識があった。平安時代にはアカツキというようになった。

アカツキの終わりごろがアケボノである。アケボノはアサボラケに先立つ時間をさすといわれる。アサボラケはアケボノよりも、少しばかり明るくなったころといわれるけれども、もちろん明瞭な区分があるわけではない。これらの語に混同が生じて、アカツキもアケボノもシノノメもアサボラケも同じ空が薄明るくなるころ、東の空に少しばかり明るさが感じられるころについて使われるようになった。語の意味の分化と統合の過程を明らかにすることはなかなか骨の折れる仕事である。その語の起源を踏まえた使い分けの痕跡が、どこまで残っているかを見分けなくてはならないからである。

曙と同じように夜がほのぼのと明けることをホノボノアケともいった。このことばは室町時代に使われており、『日葡辞書』には「ヨノホノボノアケニマイラウ」とある。ホノボノとは、かすか・ほんのりの意味であり、「仄々《ほのぼの》明け」という意味のほか、「ほのぼのとした愛情」というようにほんのりと心暖まるときの形容に用いている。

しののめの語源については『大言海』は別の説を採り、シノノメは「小竹の群れより生えたるものをいうシヌノメ」の変化したものという。シノノメのメはムレ（群れ）の省略されたもので、そのメを目にたとえ、夜の明ける意味をあらわしたものとするのである。

またその意味も広がりを見せ、限定された夜明けの一歩手前のときから、夜明け・明け方というより広い意味へと変化した。また、明け方に、東の空にたなびく雲のことにもなった。そこから「東雲」と書いてシノノメと読む熟字訓ができた。

古代ギリシア人は、このほのぼのと明ける暁、曙を女神になぞらえ、その名をエーオースと呼んだ。ホメーロスの英雄叙事詩『イリアス』や『オデュッセイア』の中では、決まり文句として「サフラン色の衣を着けた曙が」や「薔薇色の指を持った曙の神女が現れるときに」という詩句がよく出てくる。夜が明けて朝になることをあらわす、美しい表現ではないだろうか。

やんちゃと腕白

子供がいたずらでいうことを聞かないこと、また、活発過ぎて悪さをする子供をやんちゃといい、腕白という。ともに「手に負えない」「扱いにくい」という意味からの語源を持つ。ただし現在は、腕白というときは子供についてだけだが、やんちゃの方は「若いころはやんちゃもやったが」のように、小児に限らず、青年期くらいにまで使われているようだ。

ヤンチャとはヤニチャ（脂茶）の訛りからできたことばだとの説がある。松脂などが粘り着いてなかなか離れないことから、取り扱いにくいことをたとえたということであろうか。ヤニチャという語は江戸時代の文献『志不可起《しぶがき》』（享保十二〈一七二七〉成立）に見える。しかし、ヤンチャはむしろ「嫌《いや》じゃ」の訛ったものだという説もあり、こちらの方が正しいかも知れない。

やんちゃをヤンチャンともいい、『浮世風呂』二・上には「イヱサ、やんちゃんがようございますのさ」のようにヤンチャンという形で使われている。

ワンパクは漢字では腕白と書く。しかし、これは当て字。わんぱくは江戸時代にできたことばで、その語源については「関白」から出たという説が有力である。今でも「亭主関白」ということばがあるが、関白というのは中国の『漢書』に由来する語である。日本では平安時代以後、天皇を補佐して政務を執り行った重職のことをいうようになった。関白の「関」はアズカリ、「白」はモウスという意味である。元慶八(八八四)年、光孝天皇のとき、奏文を天皇がご覧になる前に藤原基経に関《あずか》り白《もう》させた(意見をいわせた)のが始まりであると記録されている。豊臣秀吉も関白だった。

権力をほしいままにし、手に負えない関白もいた。そのカンパクが変化してワンパクになったといわれるのである。江戸時代のことばを集めた辞書の『俚言集覧』にも、ワンパクは「関白の訛音《なまり》と云《いえ》り」と記されている。なお、古くはカンバク、ワンバクとも発音されていた。ほかにも、いたずらで手に負えない子供をさすにはゴンタということばがある。これは浄瑠璃の「義経千本桜《よしつねせんぼんざくら》」のうち「鮓屋《すしや》の段」に出てくる登場人物、「いがみの権太《ごんた》」の名に由来する。ぐれて理不尽なことをいったりしたりして親を嘆かせる不良青年の役どころなので、悪者・ごろつきの意とともに、子供についても腕白と同じように使っている。

やんちゃも腕白も、いたずら(悪戯)をしてはよく叱られるが、そもそものイタズラは平安時代には、用事がなくて暇なという意味で用いたり、役に立たないこと、つまらないことの意で用いた。「徒《いたずら》に時を過ごす」といえば、意味もなく・むだにの意味であり、空しく一人で寝ることを「いたずら寝・いたずらいね」という。落書きは「いたずらがき」、管弦もなくただ一人で歌うことは「いたずら歌」である。むだに死ぬことを「いたずら死に」といった。『伊勢物語』二四では「いたづらになる」は死ぬという意味で出てくる。

「いたずら」が、いたずら小僧・いたずら坊主のように、悪ふざけという意味に変化して、「悪戯」という字を当てるまでになった。

「一か八か」と「のるか反るか」

ともに、二つのうちどれかを選択する必要に迫られたときにいうが、背景となっている世界がはっきりしているのは、「一か八か」の方である。これはカルタ博奕《ばくち》の用語から出ている。めくりカルタでの博奕に「一か八か釈迦十《しゃかじゅう》か」という言い回しがあった。それを省略して「一か八か」となったといわれている。順に三枚カルタを引いて、それぞれの札の点数の総計の末尾を比べて勝負を決めるのだが、最高点は九である。二枚まで引いて、それがたとえば一と八なら九になるが、もう一枚引かねばならない取り決めがある。次に「釈迦の十」の出ることを祈ってつぶやくことばからだという。「釈迦の十」の札は青札で僧が描かれていた。

また別に、「一か八か」は「一か罰《ばち》か」からではないかという説もある。これは壺皿に伏せたさいころの目に一が出るか、それとも失敗する(罰になる)かという意味からだとの解釈である。また、「丁」「半」の字のそれぞれ上部の一、八の部分を取って「一か八か」となったともいう。

このように複数の語源説があるのだが、中では「一か八か」をカルタ博奕用語からと見る説が有力である。

結果がどうなるかわからない場合に、運を天に任せて思い切ってやってみることを「一か八か」と同じ意味で、別に「一か六か」ともいう。一と六とは、さいころの目の数であり、やはりもとは賭博の用語から来たことばである。一が出るか六が出るか、勝負を一挙に決めるときに使われた。

四字熟語の「乾坤一擲《けんこんいってき》」も、さいころでの賭けの比喩から来ている。意味も同じく、思い切って一か八かの勝負に出ることである。乾は天、坤は地のことで、「一擲」はさいころを投げること。紀元前三世紀に秦が滅んだのち、項羽と劉邦が戦い、勝負がつかずに、天下二分を約束して互いに兵を引いた。しかし家臣の進言によって劉邦は引き返し、もう一度項羽を攻めて天下を取ったという故事に基づく、あと一回の勝負に天地を賭《と》したことからのことばで、こちらはさすがにスケールが大きい。

一方の「のるか反るか」というのは、成功か失敗か、運を天に任せて思い切ってやるという意味は同じだが、体を長く伸ばしたり反らせたりする動作に基づく言い回し。ノルは伸びて長くなることであり、ソルは反対側に反り返るという意味でもある。なお、鎌倉時代にはノルという語にも反るの意味があった。「のるかふぞるか」「のるかふんぞるか」ともいう。フゾル、フンゾルは「踏み反る」の変化した形である。

よく似ているが、「のっつ反っつ」というのは、身を伸ばしたり反り返ったりすることから、苦しみもがくさまである。「のっつ返しつ」ともいう。「のっつ屈《かが》んづ」ということもある。

「一か八か」あるいは「のるか反るか」と勝負に出るのは、追い詰められたときであろう。そういうときに「絶体絶命」というが、「絶体」も「絶命」もともに九星占いの凶星の名に由来する。それが、どうしても避けられない切羽詰まった状態をさすようになった。占いが二重に凶と出たとあっては、さぞ動きがとれず、きついことだろう。

そういうときにいう「進退きわまる」は、進むことも退くこともできず、途方に暮れることである。その由来は、中国の『詩経』にある「人亦有言　進退維谷《しんたいこれきわまる》」による。谷をキワマルと読むのは、この故事に基づく。誤って「極まる」と書く人も多いし、「進退タニまりました」と読んだアナウンサーもいた。

「揚句の果て」と「とどのつまり」

物事の終わり、行き止まりの意味で使うことばを比べてみよう。

「揚句(挙句)の果て」の揚句(アゲク)は、連歌や連句の最後の七・七の句のことである。一番はじめの句、すなわち「発句《ほっく》」に対して、結びになるしまいの句が揚句で、そこから転じて、最後のことを揚句というようになった。「さんざん探したあげく、やっと見つかった」のようにアゲクだけでも単独に「最後」という意味があり、副詞的には「結局のところ」の意味でアゲクニと「ニ」を付けて用いる。

その最後の揚句の、さらに果てなのだから、いかにも終わり、という感じが出る。ハテもやはり単独に終わりとか最後という意味で使われる。人の死後、四十九日の終わる日も果てであり、一周忌のこともいう。「果て」は人や家筋が長い年月を経て、特に落ちぶれた状態をハテというし、海の果て(涯)、山野の果てともいう。「果てなし」と否定にして継続状態を表現する。ハテシナイとシを入れて強意を示す。疲れて動けなくなることをバテルというが、これも動詞形のハテル(果てる)に由来すると思われる。

十二月のことを、最後の月だから「果ての月」といい、京都でハテノハツカというと、十二月二十日のことである。江戸時代、この日に京都の粟田口《あわたぐち》の刑場で、その年では最後の罪人が首を斬られた。この日を忌み、山仕事に行くことや、お歳暮を配ったり正月の準備をすることを差し控えた。特に女の子には、「今日はハテノハツカヤサカイ外へ出たらアカン」と、その日に外出することを許さなかった。

ついでにいえば、物事が落着することを「けりが付く」という。このケリには鳥の「鳧《けり》」の字を当てることもあるが、実は助動詞の「けり」から来たものである。和歌や語り物は最後がこの助動詞「けり」で終わるものが多いので、物事の決着をいうようになった。

「結局」の意味でトドノツマリというのは、魚の名前に由来する。トドは、鯔《ぼら》の成熟したものである。ボラは成長にしたがって呼び名が変わる、いわゆる出世魚である。幼魚のときはオボコとか、スバシリ、淡水に入り込むころになると、イナという名に変わる。海に帰って成魚になるとボラ、さらに大きくなるとトドとなる。こうして、魚としての名称がトドで終わるところから、トドノツマリ(詰まり)、すなわち、「ついに」、「つまるところ」、「結局」という意味になったものである。

トドノツマリのツマリは、「結局」、「要するに」の意で現在も多用する。ツマルという動詞の連用形を名詞化したものである。論理の落ち着き、決着、結局という意味で使っている。ツマリツマリと重ねてもいう。ツマリツマリは、すみずみ、要所要所の意味にもなる。「詰まり肴《ざかな》」というのは、宴会などの終わりになって、材料が尽きてしまったとき、残りのものを集めて、あつものなどにして最後に出す料理のことである。

ツマラナイと否定にすれば、落着しない、やり繰りがつかないという意味になるが、そこから、苦労のむくいがない、不都合な、おもしろくない、取るに足りない、納得できない、無用な、くだらないなどの現在も使われている意味へと広がった。

「なにげなく」と「さりげなく」

「なにげなく」は何の考えもなくということで、「さりげなく」は、しっかりした考えを持つことがなくという意味である。ナニゲは何という気持ちの意で、サリゲはサアル（そのようである）と確信のないさまをさす。ナニゲナイのナニは上代からの語で、実体の明らかでない物事をさす、代名詞というより名詞性の語であった。

ナニゲナクには、特別にそれと意識しない様子があり、相手にそのように感じさせる気持ちがある。したがって形容詞形のナニゲナイは、相手にそれらしい様子を意識させない、決まった意図を持ってやったのではないという意味で用いる。また、ナニゲナイは、格別の考えもなく特に意識することもないさまをいうと、ヘボンによる日本最初の和英辞典『和英語林集成』（慶応三〈一八六七〉年）に出てくるが、そんなに古い語ではない。

「なにげない」という意味で、平安時代にはナニゴコロナシといった。ナニゴコロということばはすでに上代から使われ、『万葉集』（巻十、二二九五）には「吾がやどの　葛葉《くずは》日にけに　色づ

きぬ　来まさぬ君は　何情《なにごころ》そも」とある。来てくれない恋人に、「いったいどういうお気持ち・考えでいるのでしょうね」と問いかける歌である。それに対して、特に気持ち・考えがあってのことではないことをいう「なにごころなし」は、「なにげない」という意味のほか、平安時代には、「無邪気な・無心である」の意味で使われるようになり、江戸時代にはさらに変わって「厚かましく平気な」という意味でも用いた。

サリゲナイは、これは重要なことだとか、特に意図して物事を行ったという様子をしないことである。注目されようとして目立ったことをいったりしたりする様子を見せないことにいう。サリゲナイ態度とは、ナニゴコロもない様子である。そのような様子がない、その気配が見えない。何もなかった様子を示す。このことばは平安時代から使用され、『大言海』はサルケハヒ(然気)ナシの義であるとしている。室町時代にはサルゲナイともいった。サルゲナイのサルはサアルの変化したものである。『日葡辞書』にも記載され、サルゲナイよりもサリゲナイという方がよいとある。

「なにげなく本を渡した」ときと、「さりげなく本を渡した」ときでは、どちらにその本を相手に読ませたいという気持ちが強いだろうか、考えてみるとよい。以上の語源からは「さりげなく」の方がやや強いと思う人が多いのではないだろうか。このあたりで地域差が生じるのかどうか、調べてみるとおもしろいに違いない。

最近、若い人たちの間では、「なにげなく」「さりげなく」を「なにげに」「さりげに」と使うことがあるようだ。まだ定着したとはいえないが、この言い方がさらに広まったとき、「なにげなく」「さりげなく」が、その否定と解されて「わざと」という意味に転じることが起こるのだろうか。あるいは一時的なことばの揺れということに留まるのか。なかなか興味のあることである。

「おっかない」と「こわい」

関西では恐ろしいときに「オオ　コワ」という。コワは代名詞のコレに由来する語である。もとはコレハという意味であった。東北ではオッコ、ヤッカという。これも「オオ　コレハ」からである。東北・関東・中部地方の東部では「恐ろしい」をオッカナイという。これは「オオ　コワ」からオッカとなり、形容詞を造る語尾ナイを付けてオッカナイとしたものである。「おっかなびっくり」というときのオッカナとも同系の語であるのはいうまでもない。

一方で「恐ろしい」をコワイという。これも一見すると「オオ　コワ」がもとになっているように見える。しかし、実はコワイと「オオ　コワ」のコワとは別の系統の語なのである。

こわいの方は、もとは「強い」に由来する。硬いという意味である。コワ飯、オコワのコワも同じで柔らかくない飯のこと。コワバルのコワも不自然に張ったように硬くなることである。体が柔軟でなくなる状態に通じることから、長い距離を走ったりして疲れた状態を、東北、紀伊半島、中国地方の西部、九州南部などでコワイという。愛知県や岐阜県でいうオソガイは

「恐れ怖《こわ》い」の略である。関西ではオッカナイもオソガイも使用しないでコワイを使うことが多い。

こうしてみると、恐ろしいという意味で、「これは」と「強い」のそれぞれに由来する語が分布していることになる。ではその境い目をどう考えたらよいのだろう。こうした観点からは、浜名湖の東と西で方言差が目立つことが注目に値する。おそろしいを、浜名湖の東(浜松を中心)ではオッカナイというのに、西(豊橋を中心)ではオソガイを使う。浜松方言圏と豊橋方言圏とでは、ほかにも対立する方言がある。浜名湖の東でいうケム(煙)は西ではケムリに、東でガンママメというのに西でナツマメ(そらまめ)、東でソーズラで西はソーダラ、東でショッパイを西でシオカライ、「読みなさい」を東でヨミナといい、西でオヨミンというなどである。狭い範囲で、二つの言語圏が向かい合っているのは興味深いことである。もっとも、それらの境界ははっきりしていないし、等語線(同じ言語現象を示す地点を結ぶ線)はずれている。

恐ろしいことをあらわす語は、ほかにも多い。オソロシイという語そのものからも、石川県のオトロシイ、九州西部でのオトロシカなどができている。九州東部で恐ろしいをオゾイというのは、気が強い意味の古語オズシからである。九州北部でいうエズイ、エズカは吐き気をもよおすエズクと同じ語源で、胸がむかつくほどの不快感から、強いものに対する恐ろしさをいうようになった。中国地方東部などのキョートイ、キョーテーは「気疎《けうと》し」に由来する。人気《ひとけ》がなくて寂しいことから、恐ろしいことをあらわすことばに変わった。

ところで、「おそろしい」という語は「恐る」「恐れる」に由来する形容詞である。自分に危害が加えられそうだというときに、また不気味でこわいという意味で、平安時代から使用されてきた。鎌倉時代には「驚くべきである」「たいしたものである」という意味でも用いられ始めた。そこから「とんでもない」という意味のほか、予見できない・不思議なという意味も生じた。

「恐れる」は相手の力に押されてかなわないと思うことである。腕力・武力だけではなく、高貴の人の威光に対してもいい、そういう方々に失礼して申し訳ないという気持ちを示して「恐れ多い」という。「恐れ入る」というと、恐れを強めるという役割のほかに、かたじけなく思う・もったいないと思うという意味になる。

「恐る」のク語法オソルラクから「恐らく」という副詞ができた。オソラクはもともと「口はばったい言い方であると恐れるのだが」という意味であったが、きっと・必ずという意味になり、さらに思うに・多分の意味で多用されるようになった。

「だらしない」と「ふしだら」

物事のけじめが付かないで締まりがないことがダラシナイである。ダラシナイは節度や秩序がない、きちんとしないでぐうたらであるという意味でよく使われるが、「だらし」とは何で、それが「ない」とはどういうことか、と不思議に思った人もあるのではないか。

だらしの由来には諸説があるが、いずれにしても共通するのは、だらしとはしだらのひっくり返ったもの(倒語)だということである。ここにふしだらということばとの共通性を見出すことができる。

まずダラシは、手拍子のことをいうシダラが転じたとする説がある。また、サンスクリット語のスートラ(sūtra、修多羅)からとの説もある。また「自堕落《じだらく》」が転じてシダラとなったと見る説もある。しかし、シダラとその倒語であるダラシは、「締まり」のことであると見るのがよい。節度がない、また体力がなくて弱々しいのがダラシナイなのである。

「ふしだら」も締まりのないことである。それが素行のおさまらないこと、品行の悪いことを意味するようになった。フは「不」であって、特に男女関係にけじめがないことにいう。「ふしだらな生活」といえば、品行のおさまらない暮らし、締まりなく遊びにふけること、酒色にふけり身持ちが悪いことなどにいう。「遊蕩」である。

だらしない、締まりのない生き方は、周囲から見て気になるところなのか、いろいろと形容することばがある。毎日、だらしなく過ごすさまをノンベンダラリという。ノンベンダラリのノンベンとは、おそらく「延びる」と関係する語であろう。ノンベンダラリのダラリもまた、だらしなく締まりのない形容である。

仕事をおこたり精を出さないナマケモノ（怠け者）は、ナマル（鈍る）を語基としている。「仕事幽霊　飯《めし》弁慶　勘定のときは加藤清正」という、怠け者をさす慣用句があるので紹介しておく。仕事をするときは幽霊のような存在で怠けている。食事のときは武蔵坊弁慶が多くの刀を奪って取り込んだように大食である。給金をもらうときには賤《しず》ケ岳《たけ》の合戦（天正十一〈一五八三〉年）で勇名を馳せた加藤清正のように一番に駆けつける。京都の職人ことばとして受け継がれた言い回しである。

ぐずぐずして意気地のないさまはグータラと表現する。不精で怠け者のことである。江戸時代には「ぐうたら兵衛」と人名になぞらえていったものである。また身なりが乱雑で締まりのないさまは、平安時代から「しどけない」といった。年少で分別のないさまもシドケナシである。江戸時代には「しどなし」ともいった。シドは、締まりであり規律である。同様に「しどもない」は締まりのない、だらしないことである。子供じみていることにもいう。

怠け者のもととなったナマルの対義語もシマル（締まる）である。ゆるみのないことが「締まり」で、そこから倹約な人は「締まり屋」と呼ばれた。「始末人」とか「始末屋」ともいう。ちなみに「始末」は「初めと終わり」という意味であるから、整理をすること、倹約の意味に使われるようになった。

ふしだらに近いのは放蕩者・道楽者であろう。道楽という語は、もとは仏教用語で悟りの楽しみをいい、さらに道を解して自ら楽しむことであった。「釣道楽」というから、本職以外の趣味などにふけり楽しむことである。物好きの意味にもなった。

「おくどさん」と「へっつい」

方言の中には、昔のことばが存続して残されていることがある。したがって方言を比較することによって、古いことばや語源を明らかにすることができるという見込みが出てくる。古くから生活の中で非常に大事なものであった煮炊きのための火についてのことばを見てみよう。

かまど、とりわけ台所の塗りかまどのことを京都では「おくどさん」という。クドに「お」「さん」を付けて丁寧にいうのは、かまどには三宝荒神《さんぽうこうじん》というかまどの神を祀ることからもわかるように、火を炊くところに対する尊敬の思いがあったからである。筆者の住んでいた京都の町家でもおくどさんでご飯を炊き、料理に使用していた。

もっとも京都では、食物にオ〜サンを付けて「お芋さん」「お豆さん」のようにいうことが多い。卵はオタマサンである。このように女性の好物にオ〜サンを付けていう。

では、オクドサンのクドの語源はどうであろうか。文献と方言を調べてみよう。室町時代語の宝庫といえる『日葡辞書』には、クドは竈《かまど》であるとして記載されている。火床《ひどこ》というのは箱の中に土を塗って作った炉のことであるが、火床を意味するホド（火処）はまたクドともいい、それを塗りかまどの意味で用いたのであった。

かまどの意味のヒドコは各地の方言に見られる。東北地方では、囲炉裏《いろり》をヒホドというが、ホドは火を焚くところという意味である。クドが囲炉裏をさす地域もある。

ヒホドの発音は難しかったとみえて、各地域でシボト、シビト、スビトなどと大きく変化した。平安時代、『枕草子』二五には、「すさまじきもの（殺風景なもの）」として「火おこさぬすびつ」とある。このスビツは、ふつう炭櫃の漢字を当てるが、実はこれもヒホドがスビト、スビツと訛った語であった。

北陸では囲炉裏をインナカ・エンナカというが、これは火床が家の中にあるからイエノナカの意。佐渡ではいわゆる内弁慶のことをユリナタベンケイというが、ユリナタというのはイロリのハタの意味である。囲炉裏の端、すなわち家の中になる。ちなみに、イロリという語は、動詞「居る」に由来する語で、もとはイルイとでもいったのだろう。ユリイ・イルイ・ユルリという方言があるからである。

ガスや電気の普及は、日常生活を大きく変えた。今では京都でもおくどさんで煮炊きをすることはなくなった。同じ台所のかまどのことを大阪ではヘッツイ、丁寧にはヘッツイサン・オヘッツイという。ヘッツイはヘツヒから来たことばで、へは食物を容れる容器。ツは「の」の意。すなわち「竈《へ》つ霊《ひ》」である。カマドを守る霊からともいう。また竈つ火からヘツヒになったともいう。上代ではヘツヒは竈神のことをいった。『古事記』上つ巻には、大戸比売神《おおべひめのかみ》という名で登場する。

カマドのカマも、ヘッツイのへも、ともに煮炊きする器物のことであった。鍋のナは食物(肴・菜)、へは瓮《へ》で口の大きい甕《かめ》のことをさす。

煮炊きをする中身のことになるが、菜と肴のナは同じ語源で、ナとは飯や酒といっしょに食べる、今でいえばおかずのことであった。『万葉集』の冒頭の歌には「この丘に　菜摘ます児」とあるが、菜と書くときは、葉や茎を食用とする草の総称である。一方の肴は、酒のナである。マナイタ(俎)のマナは、女房ことばで魚のことをさす。魚(肴)も菜もナであったので、魚の意味をあらわすには、接頭語のマを付けてマナとしたのである。今でも残る御所ことばでは、魚をオマナと呼んでいる。

それがやがて菜だけをナというようになってしまった。どうしてそうなったのかはよくわからないが、野菜の消費量が多くなったためかも知れない。

「丹前」と「どてら」

丹前もどてらも、今では旅館に置いてあるくらいで、家庭で見たことのある人は少なくなったのではないだろうか。綿を入れた防寒用の着物で、薄い着物の上に重ねて着る。はじめから種明かしになるが、江戸で「どてら」というものを、京阪では「丹前」という。『守貞漫稿《もりさだまんこう》』(嘉永六〔一八五三〕年ごろ成立)には「丹前」について「京阪の服名、どてら江戸の服名也。ともに下民の略服也」とあり、「江戸のどてらはとぢ糸無し。用品男女とも丹前と同じ」と述べている。

ところが丹前という語は実は江戸に始まったものである。それが京阪に普及した。どてらも、広く綿を入れた広袖風のもので、着物より大きめの防寒具である。ドテラはテテラの変化した語であろうか(『物類称呼』および『大言海』)といわれている。テテラは襦袢《じゅばん》のことであった。テテレともいった。襦袢という漢字は当て字で、もとはポルトガル語のgibão(ジバン)に基づく。肌に付けて着る短い着物である。

襦袢がもとになった「ててら」も、膝のあたりまでしかない着物である。『醒睡笑』巻之五には、「夕顔の棚の下なるゆふすずみ　男はててら妻《め》はふたの(二幅)して。ててらは、膝だけある着るものなり」とある。ここにいう「ふたの」は女の腰巻である。暑い夏の夕、ほとんど裸に近い格好で夕涼みをしている庶民の姿が目に浮かぶ。

どてらは褞袍とも書き、「どてらぬのこ」ともいう。布子《ぬのこ》は綿入れのことである。ワタイレは綿衣《わたぎぬ》ともいう。テテラがドテラになって重みを増したわけである。

新潟県の佐渡には「夏作はぬのこを着せよ、冬作にはかたびらを着せよ」という言い伝えがある。農作業で夏物には土を厚く掛け、冬作には薄く掛けよということで、冬のかたびら(単《ひとえ》の着物)と夏の綿入れとを比喩に用いたものである。

丹前という語は「丹前風」に由来する。「丹前姿」ともいう。江戸時代の初めに流行した派手な風俗である。遊客や俠客が、広袖の羽織をゆったりと着て目立った姿で歩いた。井原西鶴の『好色一代男』巻一に「そもそも丹前風と申すは、江戸にて丹後殿前に風呂ありし時、勝山《かつやま》といへる女すぐれて情もふかく」とその由来が記されている。

江戸時代の初めに、江戸神田四軒町・雉子町《きじ》のあたりにあった風呂屋の名が起こりであった。堀丹後守《たんごのかみ》の屋敷の前にあったので丹前風呂と名付けたという。美しい容姿の湯女を置いて繁盛した。その一人の勝山という女が人気だったというのである。その丹前風呂へ通った町奴《まちやっこ》などの伊達姿を丹前風・丹前姿といった。

丹前にはこうした派手な語源があるので、丹前・タンゼンと付くものは何かと派手でよく目立つ。丹前風の人が用いた雪駄《せった》の鼻緒をタンゼンといい、歌舞伎でタンゼンといえば、丹前風から舞踊化された特殊な手の振り方、足の踏み方をいう。吉野という丹前風呂の湯女が歌い始めたという流行歌の丹前節もある。

丹前に用いた風流な縞柄が丹前縞である。丹前風の人が用いた広幅帯が丹前帯、丹前風の人が被った編み笠が丹前笠、というふうにやはり目立つものが多い。どてらも同様に使われることがあり、『浮世風呂』前編・下には、「其日の出立《いでたち》には、上には赤地の錦の直衣《ひたたれ》を引張り、下には紺の布子のどてらを引張けり」とある。源義経の描写である。

おわりに――「あなた」へ

たえずことばは変化して行く。私たちは互いにことばの送り手(「私」)と受け手(「あなた」)となって意思を通じさせるが、その過程でことばの意味やかたちは少しずつ、あるいは激しく変容する。そこで最後にもう一つだけ、例を挙げて締めくくりとしよう。「はじめに」では「私」について触れたから、ここでは「あなた」を取り上げる。

アナタという語は今は二人称の代名詞としてのみ使われるが、平安時代には「あちら、向こう」という意味であった。『伊勢物語』八二では「山崎のあなたに、水無瀬《みなせ》といふ所に宮ありけり」とある。このアナタは上田敏によるカール・ブッセの詩の名訳「山のあなたの空遠く」(『海潮音』)のおかげで、まだ多くの人に身近なことばかも知れない。また、「あなた」は過去・以前の意味でも用い、未来のことにもいった。さらに、あの方、あちらの人の意味になり、江戸時代には、同輩や目上に対する代名詞になった。近年では敬意が薄れて、対等にまた目下にもアナタという。

相手のことをいうことばは「お前」「あんた」「てめえ」「貴様」などいくつも思いつくが、多くは、はじめは相手を敬っていうという意味があり、それが使われて行くにしたがって次第に敬意が少なくなって行くところがおもしろい。ことばにも手垢が付いて行くといってよいのかも知れない。

「お前」は平安時代には神仏や貴人の「御前」という意味で用い、それが代名詞として貴人に対する尊敬語になり男女とも使用していた。江戸時代の初めごろまでは目上の人にいう語であったが、文化・文政ごろから親愛語になり、同輩や目下の者にもいうようになった。

また「貴様」ということばをさかのぼってみれば、中世では「貴」の字の示すように、かなりの敬意を持つ語であり、江戸時代前期には「あなたさま」の意味で女性語としても使われた。庶民の話しことばとして使用されるようになって、貴様は敬意を失った。江戸時代中期から後期には対等の者に用い、さらに後には目下に用い、江戸時代末にはぞんざいな語、罵りの語になった。今では男性が同輩以下に親しみを持って用いるか、あるいは相手を軽蔑して呼ぶときに使用し、上品とはいいにくい語に変わってしまった。

上代ではアナタを何と呼んだのだろう。親しい人や目下にナ・ナレを多く用い、敬意をこめてイマシ・ミマシが使われた。「はじめに」で述べたオレは上代では二人称であった。キミは現代では男が同輩以下の相手をさす男性語だが、上代では女から男へ親しみをこめていうのが一般であった。

汲めども尽きぬことばの泉を求めて、先人の培った一語一語をかみしめながら、さまざまなことばの由来を探ってみることは興味深いことである。ここに挙げたことばは、膨大な日本のことばの量からすればごく一部の語句に過ぎない。読者にとっては、このほかにも、その由来を知りたいと思う多くの語句があるに違いない。それでも本書によって、ことばの由来に触れるおもしろさを少しでも味わっていただければありがたいと思う。

ことばの由来索引

あ　行

か　行

な　行

は　行

堀井令以知

1925年京都市生まれ
1949年京都大学文学部卒業
専攻―言語学
現在―関西外国語大学教授，新村出記念財団理事長
編著―『語源大辞典』(東京堂出版)
『ことばの不思議』(おうふう)
『比較言語学を学ぶ人のために』(世界思想社)
『京都のことば』(和泉書院)
『大阪ことば辞典』(東京堂出版)
『にほんご歳時記』(大修館書店)
『一般言語学と日本言語学』(青山社) ほか

ことばの由来　　岩波新書(新赤版)941

2005年3月18日　第1刷発行

著　者　堀井令以知《ほりいれいいち》

発行者　山口昭男

発行所　株式会社 岩波書店
〒101-8002 東京都千代田区一ツ橋2-5-5
案内 03-5210-4000　販売部 03-5210-4111
http://www.iwanami.co.jp/

新書編集部 03-5210-4054
http://www.iwanamishinsho.com/

印刷・精興社　カバー・半七印刷　製本・中永製本

JASRAC 出 0502514-501

ISBN 4-00-430941-7　　Printed in Japan

岩波新書創刊五十年、新版の発足に際して

岩波新書は、一九三八年一一月に創刊された。その前年、日本軍部は日中戦争の全面化を強行し、国際社会の指弾を招いた。しかし、アジアに覇を求めた日本は、言論思想の統制をきびしくし、世界大戦への道を歩み始めていた。出版を通して学術と社会に貢献・尽力することを終始希いつづけた岩波書店創業者は、この時流に抗して、岩波新書を創刊した。

創刊の辞は、道義の精神に則らない日本の行動を深憂し、権勢に媚び偏狭に傾く風潮と他を排撃する驕慢な思想を戒め、批判的精神と良心的行動に拠る文化日本の躍進を求めての出発であると謳っている。このような創刊の意は、戦時下においても時勢に迎合しない豊かな文化的教養の書を刊行し続けることによって、多数の読者に迎えられた。戦争は惨澹たる内外の犠牲を伴って終わり、戦時下に一時休刊の止むなきにいたった岩波新書も、一九四九年、装を赤版から青版に転じて、刊行を開始した。新しい社会を形成する気運の中で、自立的精神の糧を提供することを願っての再出発であった。赤版は一〇一点、青版は一千点の刊行を数えた。

一九七七年、岩波新書は、青版から黄版へ再び装を改めた。右の成果の上に、より一層の課題をこの叢書に課し、閉塞を排し、時代の精神を拓こうとする人々の要請に応えたいとする新たな意欲によるものであった。即ち、時代の様相は戦争直後とは全く一変し、国際的にも国内的にも大きな発展を遂げながらも、同時に混迷の度を深めて転換の時代を迎えたことを伝え、科学技術の発展と価値観の多元化は文明の意味が根本的に問い直される状況にあることを示していた。

その根源的な問は、今日に及んで、いっそう深刻である。圧倒的な人々の希いと真摯な努力にもかかわらず、地球社会は核時代の恐怖から解放されず、各地に戦火は止まず、飢えと貧窮は放置され、差別は克服されず人権侵害はつづけられている。科学技術の発展は新しい大きな可能性を生み、一方では、人間の良心の動揺につながろうとする側面を持っている。溢れる情報によって、かえって人々の現実認識は混乱に陥り、ユートピアを喪いはじめている。わが国にあっては、いまなおアジア民衆の信を得ないばかりか、近年にいたって再び独善偏狭に傾く惧れのあることを否定できない。

豊かにして勁い人間性に基づく文化の創出こそは、岩波新書が、その歩んできた同時代の現実にあって一貫して希い、目標としてきたところである。今日、その希いは最も切実である。岩波新書が創刊五十年・刊行点数一千五百点という画期を迎えて、三たび装を改めたのは、この切実な希いと、新世紀につながる時代に対応したいとするわれわれの自覚とによるものである。未来をになう若い世代の人々、現代社会に生きる男性・女性の読者、また創刊五十年の歴史を共に歩んできた経験豊かな年齢層の人々に、この叢書が一層の広がりをもって迎えられることを願って、初心に復し、飛躍を求めたいと思う。読者の皆様の御支持をねがってやまない。

（一九八八年一月）

岩波新書より

文学

古事記の読み方　坂本　勝
新 折々のうた 7　大岡　信
折々のうた　大岡　信
詩への架橋　大岡　信
鞍馬天狗　川西政明
俳人漱石　坪内稔典
女歌の百年　道浦母都子
花のある暮らし　栗田　勇
武玉川・とくとく清水　田辺聖子
一億三千万人のための 小説教室　高橋源一郎
ロシア異界幻想　栗原成郎
ダルタニャンの生涯　佐藤賢一
漢詩 美の在りか　松浦友久
伝統の創造力　辻井　喬
シェイクスピアを観る　大場建治
本よみの虫干し　関川夏央
友情の文学誌　高橋英夫
西行　高橋英夫

一葉の四季　森まゆみ
蕪村　藤田真一
戦後文学放浪記　安岡章太郎
アメリカ感情旅行　安岡章太郎
西遊記　中野美代子
中国文章家列伝　井波律子
翻訳はいかにすべきか　柳瀬尚紀
明治人ものがたり　森田誠吾
フランス恋愛小説論　工藤庸子
ロビン・フッド物語　上野美子
読みなおし日本文学史　高橋睦郎
俳句という遊び　小林恭二
芥川龍之介　関口安義
漱石を書く　島田雅彦
短歌をよむ　俵　万智
ドイツ人のこころ　高橋義人
芭蕉、旅へ　上野洋三
新しい文学のために　大江健三郎
日本の恋歌　竹西寛子

芭蕉の恋句　東　明雅
茂吉秀歌 上・下　佐藤佐太郎
一日一言　桑原武夫編
日本の近代小説　中村光夫
古川柳　山路閑古
古事記の世界　西郷信綱
日本文学の古典〔第二版〕　西郷信綱・永積安明・広末　保
新唐詩選　吉川幸次郎・三好達治
新唐詩選続篇　吉川幸次郎・桑原武夫
ギリシア神話　高津春繁
万葉秀歌 上・下　斎藤茂吉

芸術

- 東京遺産　森まゆみ
- 絵のある人生　安野光雅
- 江戸の絵を愉しむ　榊原悟
- 日本絵画のあそび　榊原悟
- 能楽への招待　梅若猶彦
- 日本の色を染める　吉岡幸雄
- カラー版 メッカ　野町和嘉
- プラハを歩く　田中充子
- エノケン・ロッパの時代　矢野誠一
- カラー版 似顔絵　山藤章二
- 歌舞伎の歴史　今尾哲也
- ポピュラー音楽の世紀　中村とうよう
- 歌舞伎ことば帖　服部幸雄
- コーラスは楽しい　関屋晋
- イギリス美術　高橋裕子
- 役者の書置き　嵐芳三郎
- ぼくのマンガ人生　手塚治虫
- ジャズと生きる　穐吉敏子

- カラー版 妖精画談　水木しげる
- ロシア・アヴァンギャルド　亀山郁夫
- 日本の近代建築 上・下　藤森照信
- ファッション　森英恵
- フィルハーモニーの風景　岩城宏之
- 千利休 無言の前衛　赤瀬川原平
- ゴッホ星への旅 上・下　藤村信

❖

- 狂言役者―ひねくれ半代記　茂山千之丞
- マリリン・モンロー　亀井俊介
- グスタフ・マーラー　柴田南雄

❖

- ある映画監督　新藤兼人
- 日本人とすまい　上田篤
- 陶磁の道　三上次男
- 水墨画　矢代幸雄
- 絵を描く子供たち　北川民次
- 名画を見る眼 正・続　高階秀爾
- 秘境のキリスト教美術　柳宗玄

- ギリシアの美術　澤柳大五郎
- 音楽の基礎　芥川也寸志

❖

- 日本美の再発見〔増補改訳版〕　ブルーノ・タウト 篠田英雄訳

岩波新書より

心理・精神医学

痴呆を生きるということ　小澤勲
若者の法則　香山リカ
自白の心理学　浜田寿美男
〈こころ〉の定点観測　なだいなだ編著
純愛時代　大平健
やさしさの精神病理　大平健
豊かさの精神病理　大平健
快適睡眠のすすめ　堀忠雄
夢分析　新宮一成
薬物依存　宮里勝政
精神病　笠原嘉
心の病理を考える　木村敏
生涯発達の心理学　高橋恵子・波多野誼余夫
色彩の心理学　金子隆芳
心病める人たち　石川信義
新・心理学入門　宮城音弥
精神分析入門　宮城音弥
コンプレックス　河合隼雄
日本人の心理　南博

教育

読書力　齋藤孝
大学生の学力を診断する　戸瀬信之・西村和雄
学力があぶない　大野晋・上野健爾
子どもの危機をどう見るか　尾木直樹
子どもの社会力　門脇厚司
日本の教育を考える　宇沢弘文
現代社会と教育　堀尾輝久
教育入門　堀尾輝久
教育改革　藤田英典
新・コンピュータと教育　佐伯胖
コンピュータと教育　佐伯胖
子どもとあそび　仙田満
教科書の社会史　中村紀久二
子どもと学校　河合隼雄
子どもの宇宙　河合隼雄
障害児と教育　茂木俊彦
幼児教育を考える　藤永保
子どもと自然　河合雅雄
教育とは何か　大田堯
からだ・演劇・教育　竹内敏晴
日本教育小史　山住正己
子どもとことば　岡本夏木
乳幼児の世界　野村庄吾
知力の発達　波多野誼余夫・稲垣佳世子
自由と規律　池田潔
私は二歳　松田道雄
私は赤ちゃん　松田道雄

岩波新書より

宗教

法華経入門　菅野博史
イスラーム巡礼　坂本勉
中世神話　山本ひろ子
イスラム教入門　中村廣治郎
新宗教の風土　小沢浩
宣教師ニコライと明治日本　中村健之介
ジャンヌ・ダルクと蓮如　大谷暢順
蓮如　五木寛之
キリスト教と笑い　宮田光雄
密教　松長有慶
仏教入門　三枝充悳
ユダヤの民と宗教　A・シーグフリード　鈴木一郎訳
お経の話　渡辺照宏
日本の仏教　渡辺照宏
仏教〔第二版〕　渡辺照宏
禅と日本文化　鈴木大拙　北川桃雄訳

日本史

明治維新と西洋文明　田中　彰
小国主義　田中　彰
新選組　松浦　玲
飛鳥　和田　萃
奈良の寺　奈良文化財研究所編
西園寺公望　岩井忠熊
龍の棲む日本　黒田日出男
謎解き 洛中洛外図　黒田日出男
日本の軍隊　吉田　裕
昭和天皇の終戦史　吉田　裕
地域学のすすめ　森　浩一
植民地朝鮮の日本人　高崎宗司
検証 日韓会談　高崎宗司
中国人強制連行　杉原　達
聖徳太子　吉村武彦
日本が「神の国」だった時代　入江曜子
漂着船物語　大庭　脩

柳田国男の民俗学　谷川健一
日本の神々　谷川健一
日本の地名　谷川健一
博多　武野要子
東西／南北考　赤坂憲雄
思想検事　荻野富士夫
江戸の訴訟　高橋　敏
江戸の見世物　川添　裕
王陵の考古学　都出比呂志
日本文化の歴史　尾藤正英
熊野古道　小山靖憲
冠婚葬祭　宮田　登
瀬戸内の民俗誌　沖浦和光
竹の民俗誌　沖浦和光
戦争を語りつぐ　早乙女勝元
東京大空襲　早乙女勝元
稲作の起源を探る　藤原宏志
南京事件　笠原十九司
裏日本　古厩忠夫
高野長英　佐藤昌介

日本の誕生　吉田　孝
日本社会の歴史 上・中・下　網野善彦
日本中世の民衆像　網野善彦
古都発掘　田中　琢編
絵地図の世界像　応地利明
安保条約の成立　豊下楢彦
沖縄戦後史　中野好夫・新崎盛暉
神仏習合　義江彰夫
日本近代史学事始め　大久保利謙
韓国併合　海野福寿
祖国よ「中国残留婦人」の半世紀　小川津根子
従軍慰安婦　吉見義明
考古学の散歩道　田中　琢・佐原　真
警察の社会史　大日方純夫
琉球王国　高良倉吉
靖国神社　大江志乃夫
日本文化史〔第二版〕　家永三郎

岩波新書より

神々の明治維新	安丸良夫
日本国家の形成	山尾幸久
✤	
漂海民	羽原又吉
ものいわぬ農民	大牟羅良
近衛文麿	岡義武
明治維新の舞台裏〔第二版〕	石井孝
昭和史〔新版〕	遠山茂樹 今井清一 藤原彰
日本統治下の朝鮮	山辺健太郎
福沢諭吉	小泉信三
犯科帳	森永種夫
忠臣蔵	松島栄一
歌舞伎以前	林屋辰三郎
京都	林屋辰三郎
土地に刻まれた歴史	古島敏雄
日本神話	上田正昭
日本の歴史 上・中・下	井上清
四日市・死の海と闘う	田尻宗昭

米軍と農民	阿波根昌鴻
沖縄	比嘉春潮 霜多正次 新里恵二

岩波新書より

現代世界

核拡散　川崎哲
帝国を壊すために　アルンダティ・ロイ　本橋哲也訳
シラクのフランス　軍司泰史
ブッシュのアメリカ　三浦俊章
ロシアの軍需産業　塩原俊彦
多文化世界　青木保
異文化理解　青木保
アフガニスタン 戦乱の現代史　渡辺光一
イギリス式生活術　黒岩徹
イギリス式人生　黒岩徹
国際マグロ裁判　小松正之　遠藤久
デモクラシーの帝国　藤原帰一
テロ後 世界はどう変わったか　藤原帰一編
イラクとアメリカ　酒井啓子
現代中国 グローバル化のなかで　興梠一郎
パレスチナ〔新版〕　広河隆一

「対テロ戦争」とイスラム世界　板垣雄三編
ソウルの風景　四方田犬彦
現代イラン 神の国の変貌　桜井啓子
オーストラリア　杉本良夫
NATO　谷口長世
アメリカの家族　岡田光世
ロシア市民　中村逸郎
ドナウ河紀行　加藤雅彦
中国路地裏物語　上村幸治
ロシア経済事情　小川和男
イスラームと国際政治　山内昌之
南アフリカ 「虹の国」への歩み　峯陽一
女たちがつくるアジア　松井やより
韓国言語風景　渡辺吉鎔
ユーゴスラヴィア現代史　柴宜弘
ビルマ 「発展」のなかの人びと　田辺寿夫
東南アジアを知る　鶴見良行
バナナと日本人　鶴見良行
韓国 民主化への道　池明観

環バルト海 地域協力のゆくえ　百瀬宏　志摩園子　大島美穂
フランス家族事情　浅野素女
人びとのアジア　中村尚司
ヴェトナム 「豊かさ」への夜明け　坪井善明
中国人口超大国のゆくえ　若林敬子
タイ 開発と民主主義　末廣昭
ハワイ　山中速人
カンボジア最前線　熊岡路矢
イスラームの日常世界　片倉もとこ
ヨーロッパの心　犬養道子
エビと日本人　村井吉敬

岩波新書より

世界史

岩波新書/最新刊から

929 **独占禁止法**
―公正な競争のためのルール―
村上政博 著
談合・カルテルの相次ぐ摘発、大型量販店の台頭、国際競争激化の下の企業統合…。独禁法はどんな役割を果たそうとしているのか。

930 **環境考古学への招待**
―発掘からわかる食・トイレ・戦争―
松井 章 著
骨のかけらや土の分析から、埋もれた過去を明らかにする環境考古学。日本各地と欧米のフィールドでの豊富な成果を紹介する。

931 **生きる意味**
上田紀行 著
深刻な「生きる意味の不況」を脱して、ひとりひとりが創造的に生きられる社会を創り出そう――著者渾身の、熱い提言の書！

932 **鍼《しん》灸《きゅう》の挑戦**
―自然治癒力を生かす―
松田博公 著
はりと灸というシンプルな道具で万病に対処する鍼灸術。日本各地の鍼灸師の治療の実際や思想の紹介を通して、その可能性に迫る。

933 **景気とは何だろうか**
山家悠紀夫 著
「構造改革」論は、問題の基本設定が誤っている！ 戦後日本の景気変動を独自に分類し、現在の経済政策を批判的に検証する。

934 **奇人と異才の中国史**
井波律子 著
春秋時代の孔子から近代の魯迅まで、歴史を彩る「奇人」「異才」たち56人の伝記を時代順に追う。中国史を丸ごと楽しめる1冊！

935 **悪について**
中島義道 著
〈悪〉を指弾する善良な人々は、はたして〈悪〉とは無縁か。人間の欲望を見据えたカントの倫理学を軸に、〈悪〉とそこからの生を論じる。

936 **桜が創った「日本」**
―ソメイヨシノ 起源への旅―
佐藤俊樹 著
様々な意味を与えられながら、急速な拡大を遂げたソメイヨシノ。語られた桜と現実の桜の往還から、「日本」の姿を照らし出す。

(2005. 3)